CHINON

ET

AGNÈS SOREL.

CHINON

ET

AGNÈS SOREL

PAR

A. COHEN,

de la Bibliothèque Sainte-Geneviève.

PARIS.

J.-G. DENTU, LIBRAIRE, PALAIS-ROYAL,

GALERIE D'ORLÉANS.

1846

INTRODUCTION.

Dans les premiers jours de mai 18..., des affaires de famille m'appelant en Touraine, je passai quelques semaines dans cette province, que sa fertilité et le beau climat dont elle jouit ont fait surnommer à juste titre le Jardin de la France. Mes affaires terminées, je me préparais à quitter la Touraine, lorsqu'une lettre d'un de mes anciens camarades de classe vint changer ma détermination, et je résolus de me rendre, sur son invitation, dans une terre que sa famille possédait près de Candes, au confluent de la Loire et de la Vienne.

Cependant la saison qui s'était annoncée sous

de fort heureux auspices, ne tint pas jusqu'au bout ses promesses. La pluie tombait par torrents, et rendait les chemins impraticables, ce qui eût été pour tout autre que moi un sujet de vive affliction. En effet, que faire à la campagne, lorsqu'on se voit cloué au salon, qu'on ne peut aller ni venir, chasser ou pêcher, courir les bois ou les prés. Heureusement j'ai de tout temps aimé les livres, et j'en rends grâces à Dieu, car s'il est une panacée universelle, je puis dire avec vérité que je l'ai trouvée dans la lecture. Suis-je mélancolique, les amertumes de la vie viennent-elles m'assaillir, j'ouvre ma bibliothèque, et saisissant un roman bien gai, bien tendre, bien souriant, j'oublie, au sein des émotions factices qu'il me procure, les afflictions réelles que je ressens. Or, comme telle était alors la situation de mon esprit, j'entrepris de recourir aux livres, et sur la proposition que j'en fis à mon hôte, il me conduisit obligeamment dans la tour nord du château, et me laissa seul livré à moi-même, au milieu d'une vaste bibliothèque, que je jugeai n'avoir pas été souvent visitée, les volumes qu'elle contenait étant couverts d'une antique poussière.

Je cherchai donc, je furetai partout, et finis par découvrir quelques feuilles éparses que je réunis avec soin. Contre mon attente, je fus bien récompensé de ma peine en découvrant que ces feuilles étaient manuscrites: sur l'une d'elles je lus ce qui suit :

DES FAICTS ET MOULT MÉMORABLES ET GRANDES CHOSES ADVENUES EN LE ROYAL CHASTEL DE CHINON L'AN DE NOSTRE SEIGNEUR MCCCCXXV ET IUSQUES EN L'AN MCCCCL, OU SE VOIENT LES GESTES DE MA DAME AGNÈS SOREAU, DAME DE BEAUTÉ-SUR-MARNE, DE ROQUECESIÈRE ET D'ISSOUDUN, ESCRITES PAR SON TRÈS FIDÈDE SERVITEUR ESTIENNE CHEVALLIER SECRÉTAIRE DE NOSTRE TRÈS AMÉ ET REDOUBTÉ SEIGNEUR LE ROI DE FRANCE.

Ce titre excita vivement ma curiosité. Je parcourus avec ardeur cet opuscule réellement *inédit*, et lorsque la cloche sonna pour nous rappeler à une occupation un peu plus matérielle, ce ne fut pas sans chagrin que je me décidai à laisser pour quelques instants la lecture que j'avais entreprise. Mon premier soin fut, comme on le conçoit bien, de faire part à mon hôte de la découverte que je venais de faire ; il m'avoua que jusqu'alors il avait complétement ignoré l'existence du manuscrit d'Étienne Chevalier et qu'il était aussi curieux que moi d'en prendre connaissance. En conséquence, le repas fini, nous nous dirigeâmes de nouveau vers la bibliothèque, et ayant pris les feuilles en main, je me mis en devoir de les lire.

Ainsi que le titre l'indiquait, cet opuscule n'était autre chose qu'un journal des événements accomplis au château de Chinon, sous le règne de Charles VII, et transcrits par Messire Étienne Chevalier, secrétaire du roi ; ces mémoires traitaient principalement des actions de la belle Agnès Sorel, et donnaient sur cette femme célèbre des détails pleins d'intérêts et probablement véridiques, puisque l'auteur était contemporain de la Belle des Belles; ce qui du reste ne serait pas un argument irréfragable, Etienne ayant pu avoir quelque intérêt à altérer la vérité; mais cet intérêt nous étant jusqu'à présent resté caché, nous ne sommes pas en droit de suspecter sa véracité.

Notre lecture terminée, mon hôte me pria d'accepter le manuscrit et m'engagea fortement à le publier : il renferme, disait-il, de précieux documents, et c'est une action méritoire que de répandre autant que possible ce qui doit jeter sur l'histoire une nouvelle clarté.

Peu de temps après je quittai la Touraine emportant le fruit des travaux d'Etienne Chevalier, que, d'après les instigations de mon ami, je m'étais décidé à livrer au public. Mais lorsque vint le moment de mettre mon projet à exécution, de grandes difficultés se présentèrent qui furent sur le point de m'y faire renoncer.

Je dois compte au lecteur de ces difficultés, les voici :

En premier lieu, le récit du secrétaire de Charles VII contenait des longueurs infinies, rempli qu'il était de détails intimes de la vie de l'auteur, sans doute fort intéressants pour lui, mais qui ne le seraient nullement pour nous. Rien de plus simple que d'obvier à cet inconvénient, en retranchant avec soin quelques-uns des passages relatifs à Etienne; mais ce n'est pas tout. Obligé par les devoirs de sa charge de suivre le roi dans beaucoup d'occasions, le chroniqueur avait dû laisser subsister dans le corps de ses mémoires des lacunes considérables, qui venaient à chaque instant couper le fil du récit, que maintes fois même elles rendaient complétement incompréhensible. Enfin, il me vint en pensée que quand ces lacunes seraient comblées, l'ouvrage n'en serait pas moins incomplet; car Chinon a dans tous les temps joué un rôle tellement plus important que son étendue ne semblait lui assigner, qu'on ne peut, en bonne foi, parler des événements qui s'y accomplirent au commencement du quinzième siècle, sans dire auparavant quelques mots de ceux qui rendirent cette ville célèbre dès le quatrième de notre ère.

Telle était ma perplexité, lorsque je m'arrêtai définitivement au plan que je vais indiquer. Je résolus de refondre entièrement le manuscrit d'Etienne Chevalier, de me servir des détails qu'il renferme, sans adopter son style trop vieux pour les lecteurs de nos jours : je résolus de retracer les annales de Chinon, de me faire en un mot l'historien de cette ville, comme le secrétaire du roi s'était fait celui d'Agnès Sorel.

Ce fut sous l'empire de cette pensée que je me mis à l'œuvre, et c'est le fruit de longues, laborieuses et surtout impartiales recherches que je viens soumettre aujourd'hui au public. Je n'ai point scruté l'histoire pour y trouver matière à flatter aucune classe. Je serai juste, je serai vrai, retournant cette parole d'un roi et me rappelant sans cesse, « Que fut-elle bannie de toutes les bouches, la vérité devrait encore se retrouver dans celle de l'historien! »

Encore un mot, ce sera le dernier :

Ce travail est le premier essai d'un jeune homme dans la carrière si épineuse et si pénible de l'histoire : ce sera là mon excuse si je n'ai pas réussi. L'homme qui tombe, marchant d'un pas assuré, n'excite que le rire; on tend une main bienveillante à l'enfant qui chancelle !

PREMIÈRE PARTIE.

Chinon.

Chynon,
Petite ville, grand renom,
Assise dessus pierre ancienne,
Au haut le bois, au pied la Vienne.

(F. Rabelais.)

CHAPITRE PREMIER.

Origine de Chinon.— Description du château.— Jean-le-Reclus.
Maxime sauve Chinon, assiégée par Ægidius.

A dix lieues environ de la ville de Tours, su
les bords de la petite rivière de Vienne, et au milieu du fertile Vairon, se dresse majestueusement
une cité nommée Chinon.

Située au pied d'une colline que domine un
antique château, parsemée çà et là de frais bouquets de bois, un ciel d'azur, le ciel si renommé
de la Touraine, vient compléter ce riant tableau,

et faire de ce séjour un des sites les plus délicieux, d'une des plus ravissantes provinces de France.

Autrefois, à la place des ruines qui couronnent la colline, s'élevait un magnifique et royal *Chastel* aux tourelles crénelées : maintenant le chastel est tombé. Construit dans le quatrième siècle, détruit en partie dans le seizième, il n'en reste plus que quelques pierres éparses. Et, cependant, au dix-neuvième siècle comme au troisième, comme au dixième, comme au quinzième, les eaux bleuâtres de la Vienne baignent en murmurant les remparts de la ville. Telle est la différence essentielle entre les œuvres de la créature et celles du Créateur. L'homme élève et renverse, Dieu seul conserve!

Ancienne résidence des rois, ce château, qui ne présente au premier coup d'œil qu'une masse uniforme flanquée de tours et garnie de fossés, se compose en réalité de trois corps de bâtiment distincts, construits à diverses époques et dans des buts différents, ce qui rend difficile d'assigner à leur édification une date précise. Des indices à peu près certains, des chartes conservées avec un religieux respect, viennent cependant de loin à loin guider l'historien dans ce dédale de recherches, au milieu desquelles, à leur défaut, on le verrait à tout instant près de s'égarer.

Il reste actuellement si peu de chose de ce château, que nous nous voyons contraint, voulant en tracer une courte et rapide description, de renvoyer le lecteur à une trentaine d'années par delà la révolution de 1789, révolution qui sut si bien frapper de sa lourde hache les vieilles institutions, saper les vieilles croyances, renverser les vieux monuments !

Vers l'an 1760, le voyageur qui pénétrait dans la ville de Chinon par le pont de l'Annonain, après avoir gravi la petite colline aux flancs de laquelle la ville est assise, se trouvait subitement face à face avec de majestueuses et intéressantes ruines. A sa droite s'élevait un grand monument, dont les fenêtres gothiques, aux rosaces noircies et privées de leurs vitraux, décelaient un ancien temple. Cette chapelle, construite par les rois d'Angleterre, qui la dédièrent à saint Georges, patron de la Grande-Bretagne, fut démolie en 1763, et il n'en reste plus d'autres vestiges que quelques pierres éparses çà et là. Un pont en forme d'aqueduc à quatre arches, élevé de plusieurs pieds au-dessus du sol, réunissait jadis la maison du roi des Cieux à celle du roi de France.

Quant au fort du milieu, il présentait peu d'intérêt à l'observateur, soit par sa structure, soit par les souvenirs qui s'y rattachaient ; il était seulement flanqué d'une tour, du haut de laquelle les sentinelles pouvaient épier attentivement ce qui se passait à une grande distance du château. Un peu plus vers la gauche, se dessinait la tour d'Argenton, construite, dit-on, pour communiquer, à l'aide d'une galerie souterraine, à la maison habitée par Agnès Sorel.

On voyait enfin, il y a environ deux siècles, les restes de la chambre où Charles VII reçut la Pucelle d'Orléans, lorsque la pauvre bergère de Domremy, jetant au loin la houlette, saisit l'épée et vint replacer la couronne au front du roi de France.

Ainsi que nous le verrons plus tard, ce que le temps avait commencé, l'homme l'acheva, et cette maison dont les murs existaient encore du temps de Richelieu, tomba sous la hache des ouvriers du cardinal, lorsque ce ministre construisit la splendide résidence qui porte son nom.

Caïnonense castrum, *Chinum castrum*, *castrum Kinonis*, *arces Kinonis*, *Chinonum*, *Chino*, *Kino*, *Vicus Gisomagensis*, et plus communément *Caïno* : telles sont les dénominations différentes dont les historiens se servent pour désigner Chinon.

Grégoire de Tours parle souvent de cette ville; il y rattache une foule d'anecdotes, de traditions, de légendes, fort intéressantes à la vérité, mais auxquelles on ne saurait ajouter une foi implicite. Nous nous permettrons d'en citer quelques-unes; ce que nous ne ferons qu'autant que ces faits se trouveront intimement liés au cours de notre histoire et des événements que nous nous proposons de retracer ici.

Si l'on en croit le témoignage de Grégoire de Tours, Chinon doit avoir été construite dans le troisième ou au plus tard dans le quatrième siècle. Quelques écrivains cependant assignent à ce bourg une antiquité plus reculée encore, et François Rabelais, entre autres, soutient plaisamment que Chinon, en latin *Caïno*, est sans contredit la plus ancienne ville du monde, puisqu'elle fut bâtie par Caïn, qui le premier édifia des villes.

Quoi qu'il en soit, nous préférons, et pour cause, nous en rapporter simplement à Grégoire de Tours, d'autant que les premiers âges de Chinon, ainsi que de grand nombre d'autres petites villes de France, restent enveloppés d'épaisses ténèbres, que les indications incertaines des historiens ne parviennent que bien difficilement à dissiper.

Chinon paraît pour la première fois sur la scène de notre histoire, pour la première fois il en est fait mention dans nos annales en 347. Ce fut vers cette époque que Briccius, évêque de Tours, y construisit une église. Puis, jusqu'en 400, les chroniqueurs gardent sur les faits accomplis dans cette ville le plus profond silence. Enfin, ce fut alors qu'un saint homme, pénétré de l'esprit de Dieu, voulant fuir la vanité du siècle et se retirer dans la solitude pour y méditer sur les vérités de la foi, et goûter cette paix du cœur, qu'on n'obtient que par le dégagement des intérêts mesquins de la terre, ce fut alors, disons-nous, que Jean, surnommé le Reclus, vint auprès de Chinon.

Attiré sans doute par l'aspect riant de ces lieux, il forme le projet de s'y fixer. De ses mains, il se construit un modeste ermitage. Des branches flexibles enduites du limon de la terre le défendent de l'intempérie des saisons, la feuille desséchée que le vent a détachée du tronc, abrite sa tête, siége de graves et sérieuses pensées. La prière occupe une partie de son temps, sa charité répand autour de lui les bienfaits, et par sa main, les pauvres de Chinon voient leurs maux soulagés ; le malade cesse de souffrir, l'enfant est instruit : partout retentit un concert de louanges et de remercîments, et Jean de s'écrier dans sa joie, mais avec un accent tempéré de mélancolie : « Loué soit le Seigneur, qui sème sur ma route des cœurs reconnaissants ! »

Jean a terminé sa fragile retraite ; mais le goût des embellissements l'a gagné. Lui aussi, il rêve... un jardin à cultiver, un morceau de terre à labourer : quelques volatiles et une chèvre, dont le lait lui fournira un aliment sain et rafraîchissant. Le reclus veut cumuler, être à la fois son architecte, son cultivateur, son fermier ! Bientôt, en effet, il entoure son ermitage d'un enclos ombreux et verdoyant. Il s'arme d'un instrument : son pied entr'ouvre le sol, sa main y dépose la semence qui doit germer; Dieu a béni ses efforts, il hâte en faveur de son serviteur l'œuvre de la nature; plantés de la main d'un homme vertueux, les arbres grandissent, les rameaux s'étendent au loin, les feuilles se déploient : au pied d'un laurier majestueux, virescent et fleuri, voici qu'un banc de gazon offre à notre solitaire un lieu de repos, où il viendra, le soir, se recueillir, respirer les doux parfums que la brise embaumée lui envoie, et remercier le Créateur de la grandeur de la création.

Ce fut au milieu de telles occupations, entouré d'amis et comblé de bénédictions, ce fut au sein de ces tranquilles travaux, que Jean-le-Reclus passa trente années de sa vie; elles s'écoulèrent comme un songe, et son réveil le livra aux bras de celui qu'il avait servi et honoré, dont il avait rendu les voies droites, et qui l'attendait, pour glorifier dans l'éternité l'élu qui l'avait glorifié dans le temps !

Après sa mort, un pauvre des environs, qu'il avait comblé de bienfaits pendant sa vie, vint prendre possession de l'ermitage de Jean. Il y vivait depuis longtemps heureux et tranquille, lorsqu'un jour il s'aperçut que le laurier favori du pieux reclus inclinait vers la terre ses rameaux desséchés : « Pardonne, s'écrie-t-il, ô mon saint bienfaiteur, pardonne si je porte un fer profane dans ton arbre favori, mais vois, je n'ai plus de cognée, et ton laurier ne porte plus de fleurs ! » D'un bras vigoureux, il frappe aussitôt le tronc qui crie et se rompt. Le profane bûcheron le taille et le rogne, il l'ajuste au fer de sa cognée, et sans une larme, sans un regret pour l'ombrage qui couvrit la tête de Jean, il poursuit le cours de ses travaux.

Deux années se sont écoulées. L'indigne héritier du reclus s'est jeté sur sa couche, mais en vain il appelle le sommeil à son aide ; ses yeux restent ouverts, il s'agite et gémit. Cependant, après quelques heures de lutte, la fatigue l'emporte et le repos vient réparer ses forces abattues. Le ciel s'ouvre, et le profane en sonde les profondeurs ; il voit Jean-le-Reclus qui s'avance vers lui et lui adresse ces mots : « Le souvenir de mes bienfaits est-il donc si pesant ? Pourquoi porter la cognée dans un arbre que mes mains avaient planté, que mes yeux avaient vu croître, sous lequel j'avais goûté le repos et rêvé le ciel ! Que t'ai-je fait, mortel ingrat ? Tu vis de mes bienfaits, et tu m'outrages ! rien ne t'est sacré, pas même les lois de la reconnaissance ! »

L'ombre disparaît à ses yeux ; troublé, le bûcheron se lève : « Malheur à moi ! s'écrie-t-il, dans un accès de sombre désespoir, malheur à moi, qui osai frapper d'une main criminelle l'arbre planté de la main pieuse du prêtre du Seigneur ! » Il s'élance aussitôt hors de sa cabane, saisit sa cognée, en arrache le fer ; incliné vers le sol, il le creuse et y dépose le manche de l'instrument, puis calmé par cette réparation tardive, il s'endort.

Oh ! merveille inouie ! oh ! surprenant miracle ! le printemps entr'ouvre les bourgeons d'alentour ; aussitôt l'arbre sort de terre, grandit, ses rameaux s'étendent au loin, et lorsque le paysan étonné, entend le voyageur vanter tel ou tel arbre célèbre par sa majestueuse grandeur, Ah ! s'écrie-t-il, que n'avez-vous vu le laurier de Jean-le-Reclus de Chinon !

Cependant tout finit. Les révolutions l'atteignirent, l'ermitage fut renversé !

Vers l'an de Notre-Seigneur 461, Théodoric, roi des Visigoths, envoya le prince Frédéric, son frère, pour s'emparer de Chinon. Celui-ci prit la ville après un siége assez long et qui lui coûta grand nombre de ses meilleurs guerriers; mais attaqué, selon le témoignage de Marius, évêque d'Avenches, entre les rivières de Loire et de Loiret, proche d'Orléans, par Ægidius, général romain, qui était comte de l'une et l'autre milice, le roi des Visigoths fut vaincu et perdit la vie dans le combat.

Ægidius, sans plus tarder, entre en Touraine et se dirige sur Chinon, dont il forme le siége. Les habitants des terres environnantes, saisis d'effroi à son aspect, fuient et vont se renfermer dans les murs de la ville. Ils y sont reçus par Maxime, disciple de saint Martin, apôtre de Chinon, venu en ce lieu pour y répandre les lumières de la foi et y fonder un monastère. De tous côtés on se prépare au combat; on court aux armes; les guerriers ceignent leur épée, attachent au bras leur bouclier, et pleins d'une ardeur martiale ils volent à l'ennemi; mais celui-ci était déjà prêt à les recevoir: leur choc ne l'ébranle pas, la lutte s'engage, continue: le succès est douteux, enfin Ægidius s'écrie:

« Soldats, regardez devant vous, Romains et Francs, que j'ai l'honneur de commander, vous que le Rhône n'a pu arrêter, vous laisserez-vous décourager par ce ruisseau ! »

Il dit : et ses troupes s'élancent, traversent la Vienne, et sont en peu d'instants au pied des murailles de Chinon ; les assiégés refoulés se voient contraints de se retrancher dans la ville ; ils y rentrent en désordre. Ægidius ordonne à ses troupes de camper sur le penchant de la colline, dans le lieu même où vécut jadis, loin du bruit des camps, Jean-le-Reclus.

Non content d'intercepter la Vienne, le général romain voulant ôter aux assiégés tout moyen de prolonger une résistance à laquelle il ne s'attendait point, fait combler le seul puits qui fournit alors de l'eau aux ennemis, et attend en repos le résultat de ses ordres.

Sept jours s'écoulent, les grains mis en réserve sont épuisés, une soif ardente se joint à la faim. Le peuple se répand dans les rues, les places sont encombrées de guerriers se traînant à peine, et pour comble de maux, un soleil brûlant darde ses rayons sur la tête de ces infortunés, qui, poussés à bout par tant de souffrances, errent çà et là, demandant du pain, criant qu'ils veulent se rendre, que les ponts-levis doivent être baissés, les portes ouvertes, et que dût le vainqueur les passer au fil l'épée, mieux vaut la mort qu'une telle vie! Découragés, sans force, les gardes sont près de céder. Désespérés, ceux-ci se jettent du haut des murs qu'ils avaient juré de ne point abandonner, et leurs corps affaiblis par la souffrance viennent se briser aux pieds des assiégeants ; ceux-là, servant ainsi les vues d'Ægidius, tournent contre eux-mêmes une arme qu'ils n'eussent dû employer que contre les ennemis, tandis que d'autres, importunés des plaintes de l'enfance qui meurt, étouffent les derniers accents de leurs fils! Cependant, émus d'une pitié guerrière, les soldats d'Ægidius font retentir le camp de leurs murmures ; ils demandent qu'on les mène à l'assaut, et qu'un dernier effort éteigne avec la vie la résistance et les douleurs du peuple de Chinon.

Ferme dans son dessein, le général refuse ; un morne silence succède aux cris ; l'obéissance est le premier devoir du soldat.

Soudain, un moine paraît sur les murailles de la ville. Ce moine, c'est Maxime, le disciple de saint Martin, l'apôtre de Chinon.

« Peuple, et vous soldats, s'écrie-t-il, cessez de tourner contre vous vos propres armes; apaisez vos plaintes, tarissez la source de vos larmes, le Seigneur a pitié de vous : dans sa miséricorde il a résolu de mettre un terme à vos maux, et de vaincre pour vous. Le soleil disparaît à l'horizon, rentrez dans vos demeures et priez! demain, au point du jour, le Dieu des armées aura dispersé au loin vos fiers ennemis, il les aura balayés comme la poussière que le vent répand dans les airs. Peuple de Chinon, et vous soldats, rentrez dans vos demeures et priez ! »

La nuit répand son ombre sur tous les objets. Les rues de la ville, si pleines de monde il n'y a qu'un instant, sont maintenant désertes; on n'entend plus que les cris de : « Sentinelles, prenez garde à vous! » qui viennent de loin à loin, rompre le silence uniforme dans lequel est plongée la place assiégée. Pendant que tous ces infortunés cherchent un repos qu'ils appellent en vain, Maxime est humblement prosterné devant l'autel du Seigneur. Semblable à la flamme de la lampe du chœur, sa prière veille seule, et seule s'élance vers Dieu. Il invoque Martin, le saint guerrier, et ne s'aperçoit des heures qui fuient, que lorsque le crépuscule du matin, perçant à travers les vitraux, vient répandre dans le sanctuaire une lueur incertaine.

Il se lève alors : les portes de l'église sont ouvertes, et le peuple se précipite dans le saint lieu. Un guerrier s'avance, porteur d'une pique, d'un bouclier, d'une cotte de mailles.

« Maxime, dit-il, tu nous a promis la victoire, viens donc à notre tête et guide-nous. Prends en main ce fer, saisis ce bouclier, couvre-toi de cette armure ! »

Maxime sourit à ces paroles :

« Reprenez, répond-il, ces dons que vous m'offrez : ce ne sont point là les armes d'un prêtre du Seigneur ! Retournez, prenez avec vous les coupes de vos repas et suivez-moi ! »

Une heure après, le peuple et les soldats sont réunis sur la place de Chinon. Maxime est au milieu d'eux ; « Regardez le ciel, s'écrie-t-il, là est votre espérance ! »

L'horizon, en effet, ne tarde pas à se couvrir de nuages, qui épars d'abord, se réunissent ; poussés par un vent frais, ils se balancent un instant indécis, puis enfin s'arrêtent au-dessus de Chinon. Le soleil se voile, une obscurité bénite se répand au loin.

« Soldats et peuple, s'écrie Maxime, montrant la croix, soldats et peuple, élevez vos coupes au-dessus de vos têtes, et remerciez celui dont la main prodigue répand sur vous ses trésors ! »

Et tandis qu'assiégeants et assiégés, déposant les armes, ont cessé de combattre, par un curieux contraste, les nues s'agitent, s'écartent, se choquent, et se livrent une lutte violente ; bientôt elles se brisent, s'entr'ouvrent avec un bruit terrible, et versent dans la coupe des habitants altérés de Chinon des torrents de l'eau la plus pure.

La foudre retentit : répétée par les échos de la colline, elle va rouler au milieu des soldats d'Ægidius, les éclairs brillent ; Francs et Romains effrayés, également saisis d'une terreur soudaine, jettent leurs armes et repassant à la hâte la Vienne, s'éloignent avec effroi du théâtre de leur désastre. En vain le général les rappelle, en vain il veut les réunir, tous fuient : le camp retentit d'un long cri de rage, la ville retentit d'une solennelle action de grâces.

C'est ainsi qu'à la voix d'un ministre du Seigneur fut délivrée la ville de Chinon !

A la mort de Maxime, en reconnaissance de la vie qu'ils lui devaient, les habitants de cette cité le choisirent pour leur patron et lui élevèrent un mausolée au milieu de l'église de Saint-Mexme, où ses cendres reposèrent pendant onze siècles, jusques au jour où dans leur fureur et leur sombre fanatisme, les Calvinistes les en arrachèrent pour les jeter aux vents, après avoir renversé et brûlé le temple qui les contenait.

S'il faut en croire le témoignage de Grégoire de Tours, que nous n'oserions prendre sur nous de confirmer, des miracles sans nombre furent dus par la suite à l'intercession de Maxime, et les malades qui lui furent redevables de leur guérison, entrèrent dans le monastère qu'il avait fondé à Chinon, vouant ainsi à Dieu la vie qu'il leur avait rendue.

Ce monastère jouissait de droits assez étendus, ses revenus étaient considérables, et des usages curieux s'y établirent peu à peu qui ne s'éteignirent qu'avec le couvent.

Ainsi, quel que fut le rang qu'occupât le prêtre

officiant, les répons ne se prononçaient qu'aux grand'messes seulement.

Une tradition locale nous apprend de plus, que les *Goret* descendaient en ligne directe de saint Mexme, de sorte que les membres de cette famille, par suite d'un ancien usage qui subsistait encore vers 1700, se rendaient une fois par an, sur l'invitation formelle des chanoines de Chinon, le jour de la fête du Saint, à l'église collégiale où ils entendaient l'office à des places qu'eux seuls avaient le droit d'occuper.

Depuis la célèbre victoire due aux prières de saint Mexme, la fortune d'Ægidius l'abandonna complétement. Childéric, que les Francs avaient déposé pour mettre à sa place le général romain, étant de retour d'un exil qui avait duré huit années, employa l'ardeur de ses sujets contre celui-ci, qui fut chassé de Cologne. Trêves fut également prise et brûlée. Ægidius appela alors à la défense des villes situées au-dessus de la Loire, les troupes auxiliaires des Saxons, commandées par leur roi Odoacre; mais étant mort en 464, on nomma à sa place le comte Paul, qui fut attaqué et défait par Childéric près d'Orléans.

Ce dernier, comme on le sait, mourut lui-même en 482, au retour d'une expédition contre les Allemands. Vers 470, Euric, roi des Visigoths, ajouta le Berry aux provinces qu'il possédait déjà dans la Gaule, savoir : le Languedoc et la Guyenne, et étendit ses conquêtes presque jusques à la Loire. Chinon, soumise aux Visigoths, lors de l'attaque d'Ægidius, demeura donc en leur pouvoir bien longtemps après et jusques au moment où Amalaric, fils d'Alaric II, ayant été tué dans un combat contre Clovis, laissa pour successeur Theudis, qu'on soupçonne être l'auteur de sa mort. Ce dernier, vaincu par Childebert qui s'empara du Languedoc vers 531, se retira en Espagne, abandonnant tout ce que ses prédécesseurs avaient possédé dans la Gaule. Au nombre de ses états, Childebert comptait déjà le Berry ; nous sommes donc autorisé à penser, malgré le silence des historiens à cet égard, que Chinon, qui de même que le Languedoc et le Berry appartenait aux Visigoths, tomba entre les mains de ce prince avec ces deux provinces.

CHAPITRE II.

Clotaire et Ingonde. — Tremblement de terre à Chinon. — Meurtre de Lupus. — Inondation.

—

Jouissant d'un climat doux, sain et tempéré, la Touraine, autant par sa fertilité que par sa position, se trouva, dès l'antiquité la plus reculée, l'objet de l'ambition de tous les princes qui, pouvant disposer d'une armée quelque peu considérable, osèrent tenter le sort des combats.

Néanmoins depuis cette époque (532), jusque vers la fin du septième siècle, Chinon, ainsi que

Saumur, demeura au pouvoir du roi de Paris et de ses successeurs. On sait de quelles cruautés Childebert souilla le cours de son règne, de connivence avec son frère Clotaire, roi de Soissons; celui-ci joignit à ces cruautés l'avarice et un libertinage qu'il poussa, dit-on, jusqu'à l'inceste. On assure qu'il eut plusieurs femmes et grand nombre de concubines.

Radegonde, fille de Berthier, roi de Thuringe, fut, au rapport de du Bouchet, la cinquième épouse de ce prince, qui la répudia après avoir fait traîtreusement assassiner son frère.

Réduite au désespoir, tant à cause de la perte de ce frère qu'elle chérissait tendrement, que par suite de ses chagrins domestiques, Radegonde s'enfuit à Noyon où elle prit le voile, puis vint se fixer à Chinon, où elle demeura presque jusqu'au jour de sa mort, qui eut lieu à Poitiers.

Une des filles de Clotaire, nommée Ingertrude, suivant l'exemple de sainte Clotilde, vint à Tours, où elle construisit vers 537 le monastère de Saint-Jean-Puellier. Telle est du moins l'opinion de Fauchet à qui nous empruntons ce passage :

« Et qui plus est ayant espousé Ingonde, qu'il

faisoit semblant d'aymer bien fort, elle le pria, puisqu'elle estoit royne, de luy vouloir faire cest honneur, que de bailler sa sœur en mariage à quelque seigneur de marque.

« Clotaire assés luxurieulx de nature, alla ïusques au lieu où la Damoyselle estoit nourrie, et la trouvant belle, fut tant espris de son amour, qu'il l'espousa : puis retourné vers Ingonde, lui dit qu'il avoit marié sa sœur, et que ne trouvant seigneur plus noble que soy-mesme, il l'avoit prise à femme, ce qu'il pensoit ne lui devoir déplaire. Ingonde (possible craignant pys), saigement respondit qu'elle estoit sa servante, et seulement le pria de vouloir la tenir en sa bone grace. »

Cette Ingonde se retira ensuite dans un monastère, à Chinon, où elle mourut.

Notre immortel Racine, n'aurait-il pas eu en pensée ce morceau extrait des *Antiquités Gauloises* de Fauchet, lorsqu'il fait dire à Néron :

> Non, madame, l'époux dont je vous entretiens
> Peut sans honte allier vos aïeux et les siens ;
> Vous pouvez sans rougir consentir à sa flamme !
>
> JUNIE.
>
> Et quel est donc, seigneur, cet époux ?

NÉRON.

Moi, madame.

JUNIE.

Vous!

NÉRON.

Je vous nommerais, madame, un autre nom,
Si j'en savais quelqu'autre au-dessus de Néron.

Mais revenons à l'histoire dont cette digression nous a éloigné. Notre intention, cependant, n'est pas de nous appesantir sur les trente années qui suivirent, c'est-à-dire de 537 à 567. Les événements qui remplirent cette période sont trop connus, et n'ont d'ailleurs qu'un rapport très-indirect à la chronique de Chinon. Nous nous contenterons de les consigner ici le plus succinctement possible et sous forme de chronologie.

Childebert et Thierry se réunirent contre leur frère Clotaire et lui livrèrent bataille en 539. Mais pendant le combat il survint une grêle si forte que les soldats furent contraints de se couvrir la tête de leurs boucliers et que les chevaux des deux armées furent dispersés. Cet empêchement à une guerre criminelle fut, dit-on, l'effet des prières de sainte Clotilde, qui, comme nous l'avons dit plus haut, s'était retirée dans un monastère à

Tours. Nous assignons à la ligue de Childebert et de Thierry la date de 539, bien que Sigebert affirme qu'elle s'effectua en 542. Nous préférons nous en rapporter à Fauchet, d'autant que son témoignage se trouve corroboré de celui du père Daniel.

Childebert ayant alors conclu la paix avec son frère, Clotaire se joignit à lui, et tous deux allèrent mettre le siége devant Saragosse, qu'ils furent contraints de lever en 542.

Théodebert, roi de Metz, meurt en 551. Autant Clotaire et Childebert s'étaient montrés vicieux et cruels, autant ce prince fut un modèle de toutes les vertus.

L'année 556 voit Chramne, fils rebelle, lever contre son père l'étendard de la révolte. Enfin Clotaire lui-même meurt en 564 (selon Daniel, en 562), est enterré dans l'église de Saint-Médard de Soissons, et laisse quatre fils : Chilpéric, Caribert, Gontran et Sigebert.

Dans les divers partages qui avaient eu lieu entre les fils des rois, la Touraine avait toujours fait partie du royaume d'Orléans; mais dans cette occasion, on l'en détacha pour la donner à Caribert, roi de Paris.

Chinon appartint donc à ce prince, jusqu'en 567, époque où un nouveau partage ayant eu lieu entre les frères, cette ville échut à Sigebert, roi d'Austrasie.

Cette même année (567), Chilpéric désirant mettre un terme à la vie licencieuse qu'il menait depuis longtemps, fit demander en mariage au roi d'Espagne, sa fille Galsuinde. Le monarque parut peu disposé à coopérer à la conversion du roi des Francs : il fit beaucoup de difficultés ; mais vivement sollicité par les ambassadeurs de Chilpéric, il se détermina à remettre sa fille entre leurs mains.

Cette princesse quitta donc Tolède, et vint à Narbonne ; elle en sortit pour se rendre à Poitiers où elle reçut les conseils de sainte Radegonde, puis s'arrêta à Chinon. Après quelques jours de repos, elle gagna la Normandie, où son mariage fut célébré.

A quelque temps de là, cette infortunée reine fut trouvée étranglée dans son lit; et l'on peut à bon droit imputer ce meurtre à l'odieuse Frédégonde dont elle avait eu le malheur d'exciter la jalousie.

En 580, Gontran, roi de Bourgogne, voulant faire diversion du côté de Tours, tente d'entrer en Touraine à la tête de la milice du Berry; il arrive à Chinon vers les fêtes de Pâques, et se rend, le jour de la résurrection de Notre-Seigneur, à l'église de Saint-Mexme, dans l'intention d'y entendre la messe. Mais tandis qu'il priait, voilà qu'un grand bruit se fait entendre, les murailles du temple sont ébranlées, et un roulement sourd, semblable à celui du tonnerre, vient remplir de terreur les assistants.

Tous s'écrient que l'église croule, se dispersent en désordre, beaucoup sont écrasés sous le flot du peuple qui s'enfuit. C'est en vain que les soldats qui forment l'escorte du roi de Bourgogne s'efforcent de le contenir, ils sont eux-mêmes entraînés et contraints de céder au torrent.

Superstitieux, comme on l'était généralement à cette époque, Gontran vit dans cet événement si simple, une marque de la réprobation du Tout-Puissant ; il tenta néanmoins le sort des armes, mais n'attaqua que faiblement le duc Bérulphe, gouverneur de Touraine, qui vint s'opposer à son passage.

Cette année (580) fut fertile en événements funestes pour Chinon. Une épidémie ne tarda pas à se déclarer, et grand nombre d'habitants de cette ville périt victime du fléau.

Un crime horrible vint aussi jeter la consternation dans l'esprit du peuple. Ce fait mérite du reste d'être rapporté, puisque Grégoire de Tours n'a pas dédaigné de lui donner place dans son histoire des Francs.

Lupus, citoyen de la ville de Tours, venait de perdre sa femme. Plongé dans une profonde douleur, il gémissait, versait d'abondantes larmes, et ne voulait recevoir aucun des amis qui s'empressaient de venir lui offrir les consolations qu'un généreux intérêt les portait à lui prodiguer.

Sur ces entrefaites, son frère Ambroise arrive chez lui, et en faveur de la parenté, il est admis auprès de Lupus qui le reçoit avec toutes les marques de la plus vive douleur. « Hélas! frère, lui dit-il, Dieu m'a retiré la compagne que dans sa miséricorde il m'avait accordée; n'est-il pas évident qu'en me privant aussi jeune d'une épouse chérie, il me marque par là sa volonté, et ne serais-je pas coupable, dis-moi, de m'y opposer?

Non, j'y suis fermement déterminé, dans peu, frère, j'embrasse l'état ecclésiastique, et j'emploie le reste de mes déplorables jours à prier, matin et soir, sur le tombeau de monseigneur saint Martin ! »

Ces paroles déplurent au frère de Lupus, qui comprit aussitôt que, si ce dernier exécutait son projet, il pourrait bien laisser à l'Église et aux moines les richesses qu'il s'était acquises; mais quelque vivement contrarié qu'il fût au fond de son cœur, Ambroise crut prudent de dissimuler, espérant qu'avec le temps et quand la première douleur serait passée, il lui serait facile d'amener son frère à d'autres sentiments.

Il répondit donc : « Tu sais, frère, combien tes moindres désirs me sont sacrés : Dieu me garde de former une coupable opposition à ceux que tu viens d'exprimer. J'aurai, cependant, en retour de mon acquiescement, une prière à te faire, la voici : Avant de livrer exclusivement ton cœur à celui qui t'a créé, attends que la paix y règne de nouveau, souffre que nos consolations pénètrent dans ton âme, et avant de prendre une résolution aussi grave que celle de te lier irrévocablement, attends du moins que ton deuil soit passé. »

— « Ta demande est trop juste, j'y cède : va donc, et demeure en repos ! »

Ambroise revint plusieurs fois voir son frère, et avec un art infini il ébranlait de tout son pouvoir les projets de Lupus, tantôt lui représentant combien il était triste de mourir sans enfants lorsque le ciel nous avait accordé tant de richesses; tantôt lui vantant le bonheur dont lui-même jouissait en ménage; l'homme n'était point fait pour vivre seul sur la terre, non plus que l'arbre, qui ne peut exister sans rameaux.

Ces raisons et bien d'autres finirent par affaiblir dans Lupus le goût qu'il manifestait pour la retraite.

Ambroise aborda enfin courageusement la grande question.

« Frère, lui dit-il un jour, cède à ma prière, viens passer quelques jours avec moi au château de Chinon (Ambroise était tabellion de la ville), là tu verras ma femme et mes enfants ; tu comprendras mon bonheur, et si alors tu regrettes le tien, au lieu de jeter les yeux sur le passé, tu tourneras ton regard dans l'avenir, et tu te prendras à penser que toute voie vers la félicité n'est pas fermée pour toi. Ma femme a, tu le sais, une sœur qu'elle aime tendrement. Licinia est charmante, jeune encore... »

— « C'est assez, répondit aussitôt Lupus, tes paroles sont des paroles de vérité ; frère, partons pour Chinon ! »

Chemin faisant, afin d'affermir encore les dispositions qu'il avait su inspirer à son frère, Ambroise s'étendit longuement sur les joies que lui faisait goûter son union avec une épouse simple et vertueuse. Ils arrivent enfin, et quel n'est pas l'étonnement du mari de trouver sa femme assise devant une table et savourant un repas succulent vis-à-vis d'un jeune et beau guerrier, dont les armes étaient suspendues à la muraille, et qu'au dire de Grégoire de Tours, elle aimait *p.....anesquement.*

Déconcertée par un retour auquel elle était loin de s'attendre, la femme adultère se remet bientôt de son premier trouble.

— « Oseriez-vous me blâmer, Ambroise, d'avoir accordé l'hospitalité à un malheureux qui, se rendant à Tours, s'est égaré sans savoir où trouver un gîte ? »

— « Je n'aurais garde, ô mon amie, de vous reprocher l'accomplissement de devoirs dont vous vous acquittez si bien! Mais votre sœur Licinia repose sous ce toit, et tant qu'elle n'a point d'époux, je lui dois servir de père, et empêcher que sa réputation soit en rien compromise. Le gouverneur a de plus défendu, vous le savez, qu'aucun étranger couchât au château sans sa permission. Ainsi donc, jeune guerrier, continue ton repas, mais cherche un autre abri pour cette nuit! »

Le jeune homme s'éloigna : sa complice renferma son dépit dans son cœur, mais dès lors elle *brassa une trahison à son mari.*

« Votre couche est prête, dit-elle enfin, allez, Ambroise, allez vous reposer. »

Ambroise se retire en effet suivi de son frère, et fatigués, ils ne tardent pas à s'endormir l'un et l'autre. Pendant ce temps, la femme avait fait rentrer, par une porte secrète, l'amant qu'on avait chassé.

— « M'aimez-vous ?
— « Pouvez-vous en douter !
— « M'aimez-vous assez pour m'accorder la faveur que je vais vous demander ?

— « Parlez !

— « Eh bien ! je vous chéris plus que jamais, et plus que jamais aussi mon esclavage m'est odieux ! Mon mari repose près d'ici : prenez cette torche, cette épée, et soyons libres !... Eh quoi ! vous hésitez !... Je vous le disais bien, vous ne m'aimez pas ! »

Le jeune homme, digne d'une telle maîtresse, se rend à petits pas dans la chambre où reposaient nos deux frères, rassemble un peu de foin séché qu'il embrase, et à la lueur que projettent les flammes, il tire son épée et la plonge dans le sein d'Ambroise. Réveillé par le bruit, Lupus jette des cris perçants ; le meurtrier frappe un second coup et arrache la vie à une seconde victime !

Puis abandonnant le théâtre de leurs crimes, l'amant et la maîtresse s'enfuirent et ne reparurent plus.

Avant de terminer ce qui a rapport au sixième siècle, nous ferons observer qu'en l'an 584 eut lieu la première inondation dont il soit fait mention dans l'histoire de ce pays. La pluie avait tombé par torrents pendant douze jours et douze nuits. La Loire et les rivières qu'elle reçoit grossirent tellement que leur crue surpassa toutes celles dont on eût conservé la mémoire ; la plupart des habitations sur les rives du Thouet, de la Vienne et de la Loire furent détruites, les récoltes submergées, des hommes même et un grand nombre de bestiaux périrent dans cette calamité.

Eudes Ier était alors comte de Touraine.

CHAPITRE III.

Le rendez-vous de chasse de Saint-Hubert, légende chinonaise.

—

Avant de poursuivre le cours de cette histoire, nous ne pouvons passer sous silence une aventure assez extraordinaire qui, au dire d'une vieille chronique manuscrite du château de Chinon, se passa vers la fin du dixième siècle, dans la forêt qui domine cette ville.

Nous ne saurions prendre sur nous de garantir l'authenticité de ce fait qui nous paraît tenir un peu de la légende. Quoi qu'il en soit, nous allons, par respect pour l'histoire, donner le récit de cet événement, laissant à chacun le droit d'en adopter ou d'en rejeter ce qui lui paraîtra ou non digne de foi.

Vers 960, c'est-à-dire sous le règne de Lothaire, le château de Chinon avait pour gouverneur Wolfran de Chissé. C'était un intrépide guerrier, un courageux buveur, un ardent chasseur que ce Wolfran de Chissé !

Chasseur de daims et de jouvencelles, il passait un tiers de sa vie dans le château confié à sa garde, un tiers dans la forêt touffue, l'autre tiers appartenait de droit aux tavernes. Dès que le soleil avait dissipé les ténèbres de la nuit, ses veneurs étaient prêts, le cor retentissait, la meute était réunie, et monté sur un destrier, impatient du frein, le châtelain donnait en jurant le signal du départ. Puis au milieu du jour, il vaquait à l'inspection de la ville, grondait les gardes, les échevins, les manants; et lorsque la nuit reprenait son empire.... Mais, silence ! il se cachait alors avec ses compagnons de débauche; et ce qu'ils faisaient, Satan seul le sait, qui veillait et présidait à ces orgies.

Que de chevreuils n'avait-il pas forcés, que de jeunes filles pures et modestes n'avait-il pas détournées de leur route! Bref, ce fut sur lui sans doute qu'on fit la chronique du comte Ory. Mais si leur vie se ressembla beaucoup, leur mort différat-elle d'autant. Le comte Ory mourut, dit-on, au sein de ses festins; Wolfran au contraire... Mais n'anticipons pas.

On assure, du reste, qu'il montrait un mépris tout spécial pour les clercs, et que se promenant un jour dans les rues de Tours, il rencontra par trois reprises messire Guy de Pressigny, abbé de Saint-Martin; celui-ci s'inclinant sur sa mule, salua par trois fois le noble châtelain; mais se roidissant sur son palefroi, trois fois aussi Wolfran refusa de rendre le salut à l'abbé de Saint-Martin de Tours.

Or, un matin qu'il faisait un temps favorable à la chasse, Wolfran de Chissé se rendit dans la forêt de Chinon, déterminé à jouir de son occupation quotidienne et matinale. Mais tout ne succède pas toujours au gré de nos désirs, et la Providence, qui ne se laisse point mettre de mors, se permet quelquefois de se montrer rétive et de n'accorder ses faveurs, qu'après les avoir fait gagner *à la sueur du front.*

Notre châtelain méditait sans doute de faire nouvelle brèche à l'honneur de quelqu'une des filles du village, car abandonnant à son coursier le soin de diriger sa marche, il laissait flotter sur le cou de l'animal bouillant les rênes que sa main n'eût jamais dû quitter. Le cheval en effet entraîne son cavalier, l'égare, et lorsque Wolfran de Chissé revient à lui, il ne reconnaît plus sa route. Le voilà donc, courant à droite et à gauche, déchirant les pieds de son cheval aux ronces de la forêt, lorsque tout à coup paraît à ses yeux ravis, un cerf de la plus haute stature, et qui, fier de la beauté de son bois, se mire dans le cristal d'une eau pure.

Irrité sans doute d'un orgueil qui va sur les brisées du sien, Wolfran éperonne son coursier et court sus au cerf, qui d'un bond rapide fait faire à son ennemi mille et mille tours, mille et mille circuits. Le châtelain s'emporte, jure et tempête. L'animal disparaît à ses yeux, le chasseur blasphème.

« Par Wolfran, mon saint patron, que le diable t'emporte, bête maudite ! »

Il ne tarde pas cependant à l'apercevoir de nouveau ; sa rage redouble, ne connaît plus de frein : aiguillonné, le cheval du chasseur s'élance, franchit les ravins, son pied touche à peine la terre. Plus prompt que l'éclair, trois fois le cerf bondissant fait le tour de la forêt; Wolfran jure qu'il l'emportera, trois fois il fait sur ses traces le tour de la forêt. Enfin, harassé, pantelant, près de rendre le dernier soupir, l'infortuné cerf arrive, et cédant à la fatigue, tombe épuisé dans la clairière.

Or, cette clairière n'était rien moins que le rendez-vous de Saint-Hubert, lieu sacré, et redouté de tous les chasseurs qui pénétrèrent jamais dans la forêt de Chinon. Là, jamais gibier n'est frappé ; si son sort heureux l'y conduit, soudain le limier s'arrête, le piqueur se signe dévotement et retourne sur ses pas, le chasseur remet sa dague dans le fourreau, le cor donne le signal du départ. Reposez-vous en paix sous cette ombre sainte, daim, biche, cerf ou chevreuil, la protection de saint Hubert vous a sauvés !

Peut-être le cerf dont nous parlons avait-il eu déjà l'occasion d'éprouver l'efficacité de cet asile, car à peine y fut-il arrivé, que tournant vers l'ennemi un regard défaillant, au milieu de sa douleur, il parut encore vouloir le narguer.

C'est du moins ce que pensa Wolfran, et son orgueil se révolta à une semblable idée. « Pourquoi me laisserais-je arrêter par un tel obstacle? s'écria-t-il; que m'importe à moi que ce lieu ait été consacré par les terreurs d'un peuple superstitieux! que m'importe! et d'ailleurs si monseigneur saint Hubert est un protecteur de quelque pouvoir, il saura bien défendre son protégé!... »

Il dit, et descend de cheval, tire son coutelas, puis, sans se laisser émouvoir par les pleurs de l'animal infortuné, il le lui plonge dans la gorge et l'en retire fumant!

Pendant ce temps, les chasseurs effrayés de la longue disparition de leur chef, s'étaient mis à sa poursuite; après de longues et infructueuses recherches, ils arrivent enfin à la clairière, dite le rendez-vous de Saint-Hubert, et y trouvent Wolfran, tranquillement assis sur le gibier que sa main vient d'égorger. L'étonnement et l'effroi de ces gens, à la vue du sacrilége qui vient d'être commis, serait impossible à dépeindre; ils jettent sur le cerf un regard semi-désireux, semi-craintif.

« Eh bien, qu'est-ce? s'écrie d'une voix de tonnerre le noble gouverneur de Chinon ; gens idiots et stupides, qu'y a-t-il? Votre saint Hubert est un manant, il défend bien mal ceux qui se fient à lui. Pardieu! si j'avais besoin de secours, j'aurais plus de confiance à mon épée, qu'à l'auréole de tous les saints du paradis! Car, m'est avis que si ces bonnes gens sont vertueux, ils ne sont guère braves. Wolfran de Chissé a défié saint Hubert, et, ainsi que vous le voyez, saint Hubert ne s'est pas vengé! »

Un vent s'éleva aussitôt, qui fit frissonner les pins d'alentour, et le vent répéta distinctement ces paroles, qui furent entendues de tous les assistants :

« Wolfran a défié saint Hubert! » . . . .

. . . .

. . . .

Or, il advint que l'an suivant, le jour de la fête de saint Hubert, la cour du château de Chinon était remplie de monde. On s'était assemblé de plusieurs lieues à la ronde et l'heure du départ de la chasse approchait. Les chevaux piaffaient, les chiens aboyaient, les veneurs couraient, ils allaient qui par ci, qui par là, examinant avec soin si tout était en bon ordre. Au milieu d'eux, un chevalier de noble stature, à la démarche altière, caracolait avec grâce sur un coursier tout brillant d'or et d'argent. Il caressait de la main un chien favori, s'interrompant de temps à autre pour jurer après un piqueur qui n'était pas à son poste, ou pour distribuer à droite et à gauche des coups de fouet en manière de remontrance.

Le cor sonne, on s'agite ; frappées par les pieds des chevaux, les pierres jettent de brillantes étincelles, les chiens s'élancent ; penchés sur leur monture, les piqueurs n'attendent plus que le signal. Wolfran lève la main et indique du doigt la forêt, on part!

Maintenant le château est désert, le pont-levis est levé, c'est à peine si l'oreille saisit le son indistinct des pas qui s'éloignent.

Et voilà que l'écho répète la fanfare, dite fanfare de saint Hubert. La chasse commence, un plein succès couronne d'abord les efforts de nos gens. Mais bientôt les feuilles des saules et des peupliers frémissent et s'entre-choquent, d'épais nuages s'amoncèlent, l'éclair brille dans les cieux, de larges gouttes de pluie tombent rares, puis plus nombreuses, puis par torrents. On cherche de toutes parts un abri ; chacun court, s'éloigne, se disperse; entraîné par son coursier impétueux, Wolfran prend un sentier détourné et s'égare. Plus il s'efforce de retrouver sa route, plus il se perd : la pluie redouble, la foudre gronde : le cavalier laisse flotter des rênes devenues inutiles, s'enveloppe dans son manteau, et cherche un abri sous un arbre ; las des vains efforts qu'il fait pour retrouver ses compagnons, il s'arrête, quand soudain paraît à sa vue une jeune fille plus belle que le jour, plus brillante que l'éclair, à la voix plus mélodieuse que le bruissement des gouttes de pluie sur la feuille des saules, une jeune fille au regard velouté, au souris enchanteur, à la bouche vermeille ! Elle saisit la bride du cheval de Wolfran et lui dit :

« Beau chevalier, que je vous plains ! las, votre pourpoint est tout pénétré, votre cimier ne flotte plus sur votre tête ; suivez-moi, mon père n'est qu'un modeste bûcheron, mais sa cabane si petite qu'elle soit est tout près, venez vous y reposer ;

nous donnerons de la litière fraîche à votre coursier, un feu que j'allumerai dans l'âtre réchauffera vos membres engourdis, et une nourriture simple mais abondante réparera vos forces ! »

Et ce disant, la *gente peronelle* attachait sur Wolfran un regard plus éloquent que ses paroles.

— « Marchons, je vous suis, ma belle enfant ! »

Et au milieu de ses plaisirs du matin, le chevalier rêvait déjà ses plaisirs du soir. Il eût voulu parler, mais, chose étrange, il n'osait ! lui si intrépide, si audacieux même vis-à-vis des filles de Chinon, interdit et muet, tremblait à la vue de la modeste enfant du bûcheron. Ils chevauchèrent longtemps, et si longtemps que Wolfran surpris, s'arrêta :

— « Holà, la belle enfant, où donc est cette cabane de ton père que tu disais si proche ? »

— « Là bas, Monseigneur, à l'extrémité de ce sentier ; allons, un peu de courage, preux et gentil chevalier, nous touchons au terme de notre course ! »

Le temps s'était calmé, le soleil avait reparu, et chassés par un vent léger, les nuages s'étaient dispersés, le ciel était serein et le calme commençait à se répandre sur toute la nature.

— « Encore une fois, où donc est cette cabane de ton père, que tu disais si proche, la belle enfant, cette cabane où donc est-elle? »

— « Là bas, Monseigneur, derrière ces buissons que vous apercevez d'ici. »

— « Mais après tout que m'importe? sur les pas d'un tel gibier, par l'écu de mes pères, j'irais jusques au bout du monde! »

Ils marchèrent encore longtemps, longtemps. Trois fois la jeune fille fit le tour de la forêt, et trois fois sur ses traces le chevalier la parcourut aussi.

— « Arrêtons-nous en ce lieu, dit enfin la vierge au doux regard, arrêtons-nous : nous sommes arrivés! »

— « Eh! pardieu, la belle enfant, je ne me trompe pas, c'est ici le rendez-vous de Saint-Hubert! »

« — Tes yeux ne te trompent pas en effet, reprit la jeune fille, oui c'est bien ici que Wolfran, dans sa folle impiété, a osé défier saint Hubert! Eh bien! gentil chevalier, écoute-moi : je viens de la part de monseigneur saint Hubert te dire que tu ne retourneras jamais à Chinon. »

— « Tu mens, ribaude ! »

— « Saint Hubert n'a jamais menti ! Non, orgueilleux, impie, libertin et blasphémateur Wolfran, non, tu ne reverras ni ton épouse, ni tes enfants, car le doigt de Dieu t'a touché, pour avoir insulté un de ses élus ! »

— « Tu mens encore une fois, allons, remets-moi vite dans mon chemin et je te pardonne ; sinon je te jure que ce fer..... »

Un rire bruyant répondit seul aux menaces de Wolfran.

Furieux, celui-ci veut saisir la garde de son épée, sa main y reste clouée ; c'est en vain qu'il tente de faire un mouvement, ses membres demeurent comme paralysés.

— « Maintenant, saint Hubert te défie, preux chevalier, par l'écu de tes pères, il te défie ! »

En cet instant des fanfares retentissent au loin.

— « Écoute, Wolfran de Chissé, les cors de tes veneurs ; ils te cherchent, ils te trouveront, mais ne te reconnaîtront pas : car voici qu'un voile plus sombre que la nuit t'enveloppe et te dérobe aux yeux.

Cependant les sons se rapprochent, un bruit de pas se fait entendre, les voix deviennent de moment en moment plus distinctes ; les chasseurs sont tout près, ils sont là.

Wolfran veut les appeler, sa langue reste attachée à son palais, il ne peut proférer aucun son.

— « Holà, la belle enfant, enseignez-nous le chemin de Chinon. »

— « Tout à l'heure, Messeigneurs, mais auparavant priez saint Hubert qu'il daigne vous conduire. »

— « De grand cœur : saint Hubert, protégez-nous, et maudit soit qui vous renie ! »

— « Adieu, Messeigneurs, prenez ce chemin, il conduit à Chinon. Chevalier Wolfran, entends-tu leur prière. »

— « Maudit soit, disent-ils, qui renie saint Hubert ! »

Cependant une mule s'approche : elle porte un abbé, l'abbé de saint Martin de Tours.

— « Ma fille, indiquez-moi de grâce le chemin de Chinon. Attiré dans cette forêt par le soleil brillant et le ciel serein, je m'y suis égaré et j'erre depuis ce matin sans pouvoir retrouver mon chemin. »

Et le chevalier de vouloir cette fois saluer l'abbé et s'en faire reconnaître ; trois fois il s'incline, mais que sert? Dieu l'a enveloppé d'un voile que nul regard humain ne saurait pénétrer. L'abbé s'éloigne.

A la mule, succède une haquenée plus blanche que l'aubépine ; au moine, une jeune et brillante châtelaine.

— « Mon enfant, dites-moi, n'auriez-vous pas vu dans ces parages mon époux, le noble chevalier Wolfran de Chissé : il s'est égaré en chassant ce matin dans la forêt, et ses gens, rentrés sans lui au château, n'ont pu m'en donner de nouvelles. Depuis deux heures entières je le cherche, hélas! et ne le trouve point ; mon enfant, dites-moi, ne l'auriez-vous pas vu ?

— « Votre époux, noble dame, je l'ai rencontré près d'ici ; Dieu vous accompagne et puissiez-vous le retrouver !

— « Las! Seigneur mon Dieu, reprit en soupirant la dame, si je pouvais le retrouver fidèle ! »

Puis elle partit en pleurant.

— « A moi de te quitter, maintenant, preux chevalier, et si tu as besoin de secours, prends confiance en ton épée ! Adieu, ne m'oublie pas surtout, ni moi, ni la modeste cabane de mon père le bûcheron ! »

Le chevalier Wolfran de Chissé demeura, dit-on, sept jours et sept nuits sans mouvement dans le champ de saint Hubert ; battu des vents, trempé par la pluie, ars par le soleil, souffrant le froid, la faim, le chaud, au bout duquel temps il expira !

On retrouva son corps, auquel on fit de somptueuses funérailles, ce qui n'empêcha pas son âme d'aller en enfer. . . . .
. . . .
. . . .

Comme on le comprend aisément, la jeune fille au regard d'ange n'était autre que Satan, qui consentit à servir la vengeance d'un Saint, lorsqu'il pensa qu'il y aurait du mal à faire et une âme à gagner !

Cette réflexion termine le récit de la chronique manuscrite à laquelle nous avons emprunté les détails que nous venons de raconter ; rien ne s'oppose donc plus à ce que nous reprenions le fil de l'histoire.

CHAPITRE IV.

Monnaie frappée à Chinon. — Emme, duchesse d'Aquitaine. — Foulques-le-Rechin et Geoffroy. — Henri II et Thomas-A-Becket. — Mort de Henri-le-Jeune.

Nonobstant le petit nombre d'habitants et le peu d'étendue de Loches et de Chinon, ces deux villes devinrent et restèrent jusqu'à leur dernier jour la demeure favorite de Henri II, roi d'Angleterre, comte de Touraine, et de Charles VII, roi de France. La fertilité du pays qui les environne, une grande pureté de ciel, et un climat délicieux, justifient suffisamment cette prédilection.

Aussi ces deux villes, mais principalement Chinon, jouèrent-elles dans l'histoire un rôle que leur degré d'importance ne semblait pas devoir leur procurer, et jouirent-elles de prérogatives dont des cités plus considérables auraient pu, non sans raison, se montrer jalouses.

En effet, des chroniques nous apprennent que déjà l'on battait monnaie à Chinon du temps de Charlemagne, ce qui est contredit par l'auteur de l'article intitulé Monnaie de Chinon, dans l'*Europe Pittoresque*. Nous possédions du reste une médaille qui y fut frappée sous le règne de Louis-d'Outremer, c'est-à-dire en 938, et qui est parfaitement conservée. Sur le revers on lit ces mots : *Caïno castrum*. Ce fait confirme l'opinion des historiens qui pensent que Grégoire de Tours avait réellement l'intention de parler de la ville dont nous nous occupons ici, lorsqu'il écrivait Caïno. Il est du reste vraisemblable que l'usage de battre monnaie à Chinon prit peu à peu une plus grande extension, puisque Charles VII, n'étant encore que dauphin, mais régent de France pendant la maladie de son père, passa avec Marc de Bâtons un bail pour la fabrication de toutes les monnaies du royaume, sous la condition expresse qu'il les ferait battre à Chinon, ce qui ne doit s'entendre que des moutons et de quelques autres pièces, les livres et sous parisis ayant continué à se frapper à Paris, et les livres et sous tournois à Tours [1].

Chinon était de plus grenier à sel de la province de Touraine et possédait à ce titre un président, un grenetier, un contrôleur et un greffier. Il semblerait naturel de penser que, lors du séjour de la cour de France dans le château de la ville, le produit de cette gabelle était affecté à la dépense de la maison du roi. Ce serait une erreur, car une lettre écrite par Marie d'Anjou et quelques autres pièces nous apprennent que cette princesse se mêlait elle-même de l'intérieur de son *ménage* et qu'elle percevait sur les salines du Languedoc les frais de sa maison. Cette lettre d'une reine est assez curieuse, en ce qu'elle nous fournit des renseignements intéressants sur la manière de gérer de Marie d'Anjou, et nous prouve qu'outre les

[1] Les monnaies frappées à Chinon sous ce règne portent sur les grands blancs *Karolus Francorum rexc.*, etc., ou *Sit nomendi benedictume.*

vertus qui ornaient cette princesse comme reine et comme épouse, elle possédait encore les qualités de *femme d'intérieur*.

Le mandement est signé de Maillé, le 6 novembre 1446, et contient un ordre à son intendant de Languedoc d'acheter cinquante tonneaux de vin à dix-huit livres tournois pièce, et de les transporter en Flandres où ils devront être échangés contre des marchandises de ce pays, qu'elle n'indique point, et qui seront expédiées à Chinon. Il faut avouer que si l'économie est toujours un mérite, dans une reine c'est quelque chose de plus, et à ce titre Marie d'Anjou a droit à tous nos hommages.

La justice était exercée à Chinon par un prévôt, relevant du prévôt de Tours. Cette ville possédait en outre un lieutenant de roi, ou gouverneur, un maire et des échevins.

Ces détails sont nécessaires à l'appréciation du degré d'importance qu'on doit accorder à Chinon, et ces faits une fois posés, nous allons reprendre le fil des événements qui concourent à fixer le degré d'intérêt qu'elle peut nous inspirer.

A l'époque dont nous parlons, le château de

Chinon appartenait à Emme, fille de Thibaut-le-Tricheur et femme de Guillaume II, duc d'Aquitaine et comte de Poitiers. Ce prince parcourant la Bretagne, devint éperdument amoureux de la vicomtesse de Thouars et s'arrêta quelques semaines chez elle dans le château de ce nom.

Irritée de cette conduite, enflammée de jalousie, Emme ne songea plus qu'à se venger de sa rivale par tous les moyens qui se présenteraient. L'occasion ne tarda pas à s'offrir, et la duchesse n'eut garde de la laisser échapper.

Un jour qu'elle chassait le sanglier, suivie d'un nombreux cortége de veneurs, elle rencontra sa rivale qui, escortée seulement de deux ou trois de ses gens, s'était égarée dans la forêt. Emme donne aussitôt ordre à sa suite de s'emparer des domestiques de la vicomtesse de Thouars, s'approche de cette dernière, qu'elle précipite aux pieds de son cheval, puis après l'avoir à plusieurs reprises frappée violemment, elle se retire suivie d'un homme de confiance, abandonnant sa rivale à la discrétion de ses veneurs. Redoutant alors la colère du duc d'Aquitaine lorsqu'il apprendrait ces détails, Emme rentre un instant dans sa demeure, prend avec elle son fils, s'enfuit à toute bride, et voyageant aussi bien la nuit que le jour, ne s'arrête qu'au château de Chinon où elle s'enferme.

Le duc Guillaume, prince d'un caractère faible, n'osant laisser éclater son ressentiment, chercha un asile dans le sein du cloître et se retira à l'abbaye de Maillezais, précédemment fondée par sa femme, et qu'il quitta peu de temps après pour venir mourir au monastère de Saint-Maixent.

La duchesse Emme se réconcilia avec son époux au lit de mort. Du reste cette princesse ne conserva pas longtemps la propriété du château de Chinon, qui passa sous la domination des comtes d'Anjou.

En effet, vers l'an 1025, Foulques Nerra, dans l'espoir de parvenir par ce moyen à s'opposer aux tentatives d'Eudes, comte de Blois, qu'il venait de vaincre, fit construire en Touraine la forteresse de Montbudel; ce que son adversaire ayant appris, il quitta en toute hâte la Lorraine dont il combattait le souverain, et se rendit en personne sous les murailles de ce château. Il envoya aussitôt à Geldoin de Saumur l'ordre de réunir ses troupes avec le plus de promptitude possible, d'y joindre les soldats de Chinon, et de venir le trouver. Obéissant à ses injonctions, Geldouin s'avança à son secours avec ceux de Saumur et Geoffroy de Saint-Aignan à la tête de ceux de Chinon.

Foulques Nerra se rend aussitôt devant Saumur, dont il forme le siége et qu'il contraint de se rendre; puis il souille sa victoire par les plus atroces cruautés, allant jusqu'à arracher un œil à Gastho, officier du comte de Blois, qui avait laissé paraître trop ostensiblement la douleur que lui causait la prise de Saumur.

Ce siége mit fin tout d'un coup à la guerre. Eudes consentit à ce que la ville de Saumur demeurât à Foulques, pourvu que ce dernier ordonnât la démolition de Montbudel, ce qui eut effectivement lieu.

Le comte d'Anjou mourut en 1039 à Metz, en criant : « Seigneur, ayez pitié du malheureux Foulques, parjure, infidèle ! » et laissa ses états à son fils, Geoffroy Martel, qui gouverna depuis cette époque jusqu'en 1060. La veille de sa mort, ce prince fit le partage de ses domaines entre ses deux neveux, Geoffroy-le-Barbu et Foulques-le-Rechin. Le premier eut l'Anjou et la Touraine, l'autre dut se contenter de la Saintonge et du Gatinais. L'inégalité de ce partage excita la jalousie de Foulques, jalousie qui se trouva momentanément comprimée, par la nécessité où les deux frères furent réduits de s'unir, dans le but de s'opposer aux vues du comte de Poitiers, qui désirait réunir la Saintonge à ses possessions.

Une fois hors d'inquiétude à ce sujet, l'inimitié ne tarda pas à se rallumer entre les deux frères et éclata bientôt ouvertement.

L'abbé de Marmoutiers possédait des fiefs considérables en Touraine. Geoffroy exigea de lui, à titre de souverain de cette contrée, qu'il lui fît hommage pour les terres qui en dépendaient; mais l'abbé prétendit n'en devoir prendre l'investiture que des mains du roi. Irrité de cette résistance, le comte d'Anjou exerça toutes sortes de ravages sur les terres de l'abbé, qui s'en étant plaint, obtint du pape contre Geoffroy l'excommunication et la privation du comté d'Anjou, qui fut donné à Foulques.

Ce dernier travailla de tout son pouvoir à ébranler la fidélité des vassaux de son frère, et n'y réussit que trop bien. Après s'être emparé de

Saumur, il fit Geoffroy prisonnier sous les murs d'Angers et ordonna qu'il fût enfermé au château de Sablé, appartenant à Robert-le-Bourguignon, vassal du comte d'Anjou, et que Foulques était parvenu à séduire.

Cependant Geoffroy, assez heureux pour s'échaper de sa prison, se remet aussitôt à la tête des troupes qui lui restent et marche sur Brochessac.

. . . .

On était en 1067, et la nuit couvrait d'épaisses ténèbres le château et la ville de Chinon. Il était environ dix heures du soir, lorsqu'une barque conduite par deux vigoureux rameurs et contenant en outre cinq hommes, aborda en silence au pied des murs de Chinon.

Puis sautant légèrement, les cinq passagers se mirent à gravir la colline au front de laquelle est construit le château. Trois d'entre eux étaient enveloppés d'une espèce de tunique foncée, sous laquelle s'apercevait une épée ; leurs pieds étaient ornés d'éperons d'or. Les deux autres portaient des armures qui résonnaient au milieu du silence de la nuit et brillaient aux rayons de la lune. Ces derniers se tenaient à une petite distance des trois autres, la main sur la garde de leur miséricorde.

La petite troupe arriva bientôt aux bords des douves du château, et l'un de ceux qu'à ses éperons d'or on pouvait reconnaître pour un chevalier, tira de sa poche un petit instrument assez ressemblant à une trompettte, et se préparait à en tirer des sons, lorsque son camarade l'arrêta :

— « Y pensez-vous, Reynaud, ce serait donner l'alarme, en peu d'instants la ville entière serait sur pied ; et alors, vous le sentez, notre projet pourrait fort bien échouer, et notre prisonnier nous échapper. »

— « Sans doute, chevalier Robert, mais que faire? Appeler la sentinelle, elle ne saurait nous entendre d'ici ; traverser les douves à la nage, nous sommes cinq, et d'ailleurs on nous entendrait et ce serait encore donner l'alarme. »

Pendant ce temps, le troisième personnage, dont les mouvements paraissaient gênés par le poids des chaînes d'acier poli qui entouraient ses poignets, gardait le plus profond silence.

— « Voyez, reprit enfin Reynaud de Chateaugontier, le ciel vient à notre secours : j'aperçois d'ici une barque qu'on aura sans doute laissée par mégarde : entrons-y et que Dieu nous conduise! »

Les deux gentilshommes se rangent aussitôt et s'inclinant respectueusement, font signe à celui qui les accompagne de descendre dans la nacelle. Celui-ci obéit ; écartant d'un geste impérieux les chevaliers qui s'étaient rapprochés, il s'y élance, puis après lui ses deux compagnons et les gardes qui les suivaient. Ces derniers saisissent chacun une rame, et penchés en avant ils glissent légèrement sur la surface de l'eau. En quelques instants ils sont tous de l'autre côté des douves. Robert-le-Bourguignon, ou l'Allobroge, car c'était lui, appelle alors la sentinelle et lui dit quelques mots. Aussitôt celui-ci leur lance une échelle qui leur sert à sortir du bateau et à franchir le parapet de la douve. Puis tous les cinq continuent leur chemin jusqu'à la porte du château ; une cloche se fait entendre, la porte s'ouvre et se referme après avoir introduit nos cinq voyageurs.

— « Seigneur Aimery, dit alors Robert au gouverneur, en lui montrant du doigt son silencieux compagnon, cet homme est votre prisonnier et vous en répondez sur la vie. Préparez votre cachot le plus obscur et surtout que pas un mot ne transpire qui donne à penser que vous le gardiez ici. »

— « Ce prisonnier, quel est-il ?

— « Geoffroy, comte d'Anjou, dit alors le prisonnier en écartant son manteau ; oui, seigneur Aymery, Geoffroy, comte d'Anjou et de Touraine, qu'un frère dénaturé, sujet rebelle, prive de la liberté en attendant l'heure favorable pour le priver aussi de la vie ! »

Quelques heures après, l'infortuné gémissait dans le cachot obscur et malsain où il passa vingt-huit années de sa vie, c'est-à-dire, jusqu'en 1095, époque à laquelle le pape Urbain II, tenant un concile à Tours, apprit la détention de Geoffroy, et exigea de Foulques-le-Rechin la mise en liberté de son frère.

Après avoir vu le château de Chinon au pouvoir des comtes d'Anjou, nous le retrouverons sous la domination de Henri II, roi d'Angleterre, héritier de Geoffroy Plantagenet, comte d'Anjou, qui lui légua en mourant ses états, après lui avoir fait jurer qu'aussitôt en possession des biens de sa mère, il laisserait sa part dans l'héritage paternel à son frère cadet, Geoffroy, qui devait se contenter en attendant des villes de Mirebeau et de Loudun en Poitou, et de Chinon en Touraine.

Henri exécuta fidèlement la promesse qu'il avait faite à son père, puis il vint rendre hommage à Louis-le-Jeune, pour la Normandie, la Touraine, l'Aquitaine, le Maine et l'Anjou.

Le roi de France sentit aussitôt combien était redoutable un vassal aussi puissant et qui l'environnait de tous côtés ; il le pressa donc, plus encore dans son intérêt propre que dans celui de Geoffroy, de remplir ses serments.

Henri promit tout et résigna effectivement à son frère l'Anjou et la Touraine ; mais il ne se vit pas plutôt affermi sur le trône d'Angleterre, qu'il envoya des ambassadeurs au pape, pour lui demander de le relever de son serment, ce qui lui fut accordé.

Geoffroy, irrité de ce manque de fidélité à sa promesse, se révolte et perd les trois villes de Mirebeau, de Loudun et de Chinon, dont son frère lui laisse néanmoins la jouissance, mais en stipulant expressément que les châteaux en seront rasés à hauteur du sol.

La cause des différends qui éclatèrent bientôt

entre Henri II et Thomas-A-Becket, ainsi que les diverses péripéties qui en marquèrent le cours, sont trop connues pour que nous voulions les rapporter ici. Nous nous bornerons à rappeler que, l'an 1166, le roi d'Angleterre étant à Chinon reçut d'Alain de Neuilly des lettres qui lui apprenaient que l'archevêque de Cantorbéry était sur le point de lancer sur lui une bulle d'excommunication.

Craignant d'une part de causer un scandale que les princes à cette époque redoutaient par-dessus tout, et désirant vivement d'un autre côté mettre un terme à toutes dissensions, Henri assembla son conseil, qui tint ses délibérations dans une des salles du château[1]. Il demanda à ses gentilshommes un moyen d'échapper aux persécutions d'un homme, qui en voulait également, disait-il, *à son corps et à son âme*. L'évêque de Lisieux l'engagea à s'en rapporter à la décision du pape. Cette proposition fut adoptée, et deux évê-

---

[1] Cependant, comme nous l'avons vu plus haut, le château avait dû être abattu. La clause ne fut-elle point exécutée, le château avait-il été reconstruit dans l'intervalle? C'est ce que nous ignorons. Il serait du reste possible que cette clause n'eût point été insérée, lord Lyttelton étant le seul qui en fasse mention. (*History of the life of king Henry the second.*)

ques quittèrent Chinon pour se rendre à Pontigny, où ils comptaient trouver Thomas-A-Becket, et lui faire part de ce projet. Mais ils ne le virent pas, parce qu'il était en pèlerinage à Vezelay. Le pape ayant appris ces événements, et voulant concilier les deux partis, envoya Guillaume de Pavie et Jean de Naples, qui réunirent Henri et Thomas à Montmirail, dans le Maine. Cette entrevue n'eut aucun résultat ; nous voyons seulement qu'une des clauses du traité fut que le roi d'Angleterre tiendrait la Touraine, comme fief dépendant du comte de Blois.

Quatre ans après une seconde entrevue eut lieu entre le roi et son sujet, toujours à Montmirail. On était près de conclure la paix ; mais lorsqu'on en vint au baiser, l'archevêque dit au roi : « Sire, je vous embrasse en l'honneur de Dieu! » Sur quoi le roi se retira et refusa le baiser ; parce que, dit Matthieu Pâris, le roi trouvait toujours dans les paroles de l'archevêque, dont la conscience était si pure, des réserves qu'il repoussait : tantôt, « sauf ma dignité, » tantôt, « sauf la foi de Dieu. »

Il n'y eut rien encore de conclu cette fois. Peu après, le roi, à Fretteval, tint deux fois l'étrier du cheval, pendant que Thomas se mettait en selle ; enfin, près d'Amboise et par les soins de Rotrou, archevêque de Rouen, le roi et Becket firent la paix.

En 1172, le roi Henri II passa les fêtes de Noël à Chinon, dont le château, la ville et ses environs, sont redevables à ce prince d'une grande partie de leurs embellissements. Animé d'un vif amour pour ses peuples, il ne songeait qu'à leur bien-être ; et ce fut dans cette vue que, considérant les maux que les riverains avaient à souffrir par suite des crues de la Loire, il ordonna la formation des levées qui longent cette rivière jusqu'à Saumur.

Ce fut encore lui qui fit ajouter au château les deux églises, dédiées l'une à saint Mélène, l'autre à saint Macaire, et que ses successeurs firent raser, pensant que, sous prétexte d'y venir prier, les étrangers pouvaient fort bien ne s'y rendre que dans le but d'examiner les travaux de fortification de la citadelle.

C'est aussi à ce monarque que la ville doit le pont appelé pont de l'Annonain ou de la Nonnain.

Les amis du merveilleux, et il s'en trouve à Chinon autant que partout ailleurs, affirment que ce pont fut construit à diverses époques par un lutin, qui s'en servait pour aller voir les nonnes du couvent de la ville. Mais sans aller chercher en enfer l'étymologie de ce nom, les chartes anciennes nous apprennent qu'avant Henri II, les vivres n'arrivaient que difficilement à Chinon, sur des ponts de bateaux, ce qui rendait embarrassant le transport des marchandises; ce fut sans doute pour obvier à cet inconvénient que le roi d'Angleterre fit construire le pont qui reçut son nom du mot latin *Annona*.

L'année suivante, Henri-le-Jeune leva contre son père l'étendard de la révolte, et quittant l'Angleterre, fit son entrée en France, où ses deux frères ne tardèrent pas à se joindre à lui.

En 1174 eut lieu l'assassinat de l'archevêque de Cantorbéry. Non contents de frapper une innocente victime, ses meurtriers pillèrent l'église et emportèrent tout ce qui avait quelque prix. Ce fait prouve que le désir de plaire à Henri II n'était pas le seul mobile de ces monstres en accomplissant leur détestable forfait.

Matthieu Pâris fait remarquer ici une étrange concordance de jours.

« Ce fut, dit-il, un *mardi* que l'archevêque quitta la cour du roi à Northampton ; un *mardi* qu'il se bannit volontairement d'Angleterre ; un *mardi* que, sur le conseil du seigneur pape, il revint et aborda dans le royaume ; un *mardi* que son martyre fut consommé ! »

Là ne se bornèrent pas malheureusement les infortunes du roi d'Angleterre. Après avoir vu se révolter contre son autorité son frère Geoffroy, après avoir eu à soutenir une lutte pénible avec un prélat, zélé sans doute pour le bien de la religion, mais trop vif peut-être dans son enthousiasme, et qui ne garda pas toujours, il faut bien l'avouer, les égards dus au rang de son antagoniste, il restait encore à Henri à porter le châtiment de son crime involontaire. La pénitence même qu'il en fit, donnant ordre aux moines de le flageller, ne satisfit pas la justice céleste, car de nouvelles douleurs vinrent l'une après l'autre assaillir cet infortuné monarque.

Combien ce prince, dont le règne s'annonça sous d'aussi heureux auspices, était-il loin de s'attendre qu'un jour il viendrait mourir à Chinon seul et sans amis, lui, roi d'Angleterre, souverain, du chef de son père, de la Normandie, de la Touraine, de l'Aquitaine, de l'Anjou ; souverain, du chef de sa femme Éléonore, de la Guyenne, du Poitou, de la Saintonge, de l'Auvergne, du Périgord, de l'Angoumois et du Limousin ! lui, père de trois fils qu'il aimait tendrement !

Henri fut coupable à la vérité : il ne fut pas exempt de faiblesses condamnables, et tout le monde sait la passion vive et ardente que sut lui inspirer la belle Rosemonde Clifford. Mais la somme de ses erreurs a-t-elle surpassé celle de ses amertumes, c'est là ce que personne ne sera tenté de soutenir.

Henri se montra toujours juste et équitable ; le fait suivant en est la preuve : A la mort de sa bien-aimée Rosemonde, il ordonna que des obsèques somptueuses lui fussent faites et qu'un mausolée magnifique lui fût élevé dans l'église de Winchester. L'évêque de cette ville, étant entré dans le sanctuaire et ayant jeté les yeux sur ce monument, sortit aussitôt en disant : « Que le temple du Très-Haut avait été profané et que les cendres d'une femme sans pudeur ne pouvaient reposer auprès des reliques des vierges pures du Seigneur ! » Puis il donna ordre que le cénotaphe fût enlevé. On obéit aux ordres du prélat, qui rentrant alors dans l'église, la purifia par des prières solennelles. Le roi en apprenant cette nouvelle fut pénétré d'une vive douleur, mais il la renferma dans son âme et n'adressa à l'évêque aucun reproche. Le prélat était dans son droit, sans doute; mais n'est-il pas grand et glorieux à un souverain, aussi puissant que l'était le roi d'Angleterre, de recevoir une telle injure et de garder le silence par respect pour l'équité!

Comme nous l'avons vu plus haut, vers l'an 1173, le jeune Henri, fils de Henri II, se révolta contre celui à qui il devait tout son amour et tout son respect comme fils et comme sujet. Il vint en France, où ses frères ne tardèrent pas à se joindre à lui, et où Louis les anima davantage encore contre Henri II, à qui ils déclarèrent ouvertement la guerre. Une réconciliation apparente eut lieu; mais le jeune Henri se montra vivement blessé de la préférence que son père fit éclater pour ses frères en acceptant d'eux l'hommage qu'il refusa d'agréer de sa part. Cependant s'étant jeté aux genoux du roi d'Angleterre, à Bures, celui-ci fut contraint de recevoir son serment de fidélité, après quoi voulant prouver au dehors la soi-disant bonne intelligence établie entre eux, pendant plusieurs jours le père et le fils mangèrent à la même table et partagèrent la même couche.

A peine l'accord commençait-il à régner entre les deux princes, que de cruelles dissensions éclatèrent de nouveau entre Henri, ses fils Geoffroy et Richard, et par suite entre les frères. Voici à quelle occasion.

L'an 1183, le roi sollicita vivement de ses deux fils qu'ils rendissent hommage à leur frère aîné Henri, l'un pour la Bretagne, l'autre pour le duché d'Aquitaine. Geoffroy consentit volontiers à ce qu'on exigeait de lui, mais Richard ne put entendre sans frémir de courroux les ordres de son père.

« Eh quoi! s'écria-t-il, dans un violent accès de colère, ne tirons-nous pas origine du même père et de la même mère? n'est-il pas vraiment inconvenant au plus haut point que du vivant même de notre père nous nous voyions contraints de nous soumettre à notre frère aîné, et de le reconnaître pour notre supérieur? Que les biens du côté paternel reviennent à l'aîné, j'y consens;

mais du moins je réclame ma légitime dans les biens de ma mère. »

Lorsque cette réponse fut rapportée au roi et qu'il entendit le refus prononcé par Richard, il entra dans une grande colère et jura de ne plus épargner un fils ingrat et désobéissant.

Il excita donc vivement Henri-le-Jeune à rassembler toutes ses forces et à faire plier l'orgueil de son frère.

Après plusieurs entrevues qui n'amenèrent aucun résultat satisfaisant, le jeune prince renonçant à tout espoir de conciliation se préparait à faire repentir Richard de sa folle présomption, lorsqu'il ressentit les premières atteintes du mal qui devait si promptement, hélas! le mener au tombeau à la fleur de son âge.

Il tomba malade au château de Martel, dans le Quercy, et sentant qu'il n'avait plus que peu de temps à vivre, sa conscience parla et lui fit éprouver de vifs remords de sa conduite passée envers son père, et de l'ingratitude dont il s'était montré coupable à son égard. Il envoya donc en toute hâte un messager à Henri II pour solliciter son pardon et le conjurer de venir à Martel donner à un fils repentant, près de quitter ce monde, un dernier embrassement et lui dire un dernier adieu.

Le roi, touché de compassion à la vue d'un tel repentir, sentit renaître en lui pour son fils toute la tendresse qui jadis remplissait son cœur, et il se préparait à céder à la prière que le jeune prince lui adressait, un pied dans la tombe.

« Songez, Sire, lui dirent alors ceux qui l'entouraient, songez à ce que vous allez faire. Le jeune prince est entouré de conseillers perfides et félons ; en supposant même qu'il veuille les tenir en respect, comment un mourant pourrait-il y parvenir ? Vous serez alors en leur pouvoir, et rien ne saurait les arrêter, ni les lois de l'honneur, ni le respect dû à la majesté royale ! »

« Hélas ! s'écria l'infortuné monarque, il n'est donc plus de bonheur pour moi sur la terre, puisqu'il me faut toujours souffrir, ou si je ne souffre pas, toujours craindre ! Allez, continua-t-il, en s'adressant à l'archevêque de Bordeaux, après avoir retiré de son doigt un anneau de grand prix, allez, et portez à mon fils bien-aimé, avec ma bénédiction, cet anneau qui sera pour lui le gage de l'amour et du pardon ! »

Le prélat partit en effet et arriva au château de Martel pour recevoir le dernier soupir du jeune Henri, qui se montra vivement affligé de la méfiance de son père; il pria l'archevêque de retourner vers le roi et de lui rappeler la promesse qu'il lui avait faite de pardonner aux barons d'Aquitaine, ses complices, et expira le jour de Saint-Barnabé, à peine âgé de vingt-huit ans.

Telle fut la fin triste et prématurée d'un jeune souverain devant qui la vie s'ouvrait riante et belle.

Après sa mort son corps fut enveloppé dans les vêtements de lin dont il était couvert le jour de son couronnement, et transporté en grande pompe à la cathédrale de Rouen, où il fut inhumé sous le maître-autel avec tous les honneurs dus à un prince.

CHAPITRE V.

Mort de Henri II, roi d'Angleterre. — Portrait de ce prince. — Mort de Richard-Cœur-de-Lion. — Procès de Jean-sans-Terre. — Louis IX convoque les grands vassaux à Chinon. — Procès des Templiers.

—

L'année suivante, le roi se rendit en Angleterre, d'où il revint en 1185. Deux ans plus tard son fils Richard, oublieux de toutes les lois de la justice et de l'honneur, arrive à Chinon pendant l'absence de son père, et apprenant que ce dernier y avait déposé une somme assez considérable, tant en argent monnoyé qu'en bijoux, qu'il réservait pour s'en servir en cas de besoin, le jeune prince, sans s'inquiéter autrement des suites d'une telle conduite, se fait ouvrir de force le trésor par les gardes de Chinon, s'empare de tout ce qu'il peut trouver, et quitte le château avec l'argent de son père, qu'il emploie plus tard à fortifier ses villes en Poitou.

Du reste le roi Henri II ne survécut pas longtemps à son fils aîné, comme nous allons le voir. En 1189, il quitta la Normandie, laissant à son fils Jean le soin de défendre cette province, et se rendit de nouveau à Chinon. Après y avoir séjourné quelque temps, il alla à Saumur; mais apprenant l'attaque du Mans, il vola au secours de cette ville, près de laquelle il fut battu. Il reprit alors le chemin de la Touraine et s'enferma dans a forteresse de Tours.

Cependant le roi de France s'étant successivement emparé de Chaumont-sur-Loire, d'Amboise, de Montoire, de Roche-Corbon et d'un grand nombre d'autres châteaux en Touraine, s'avança jusqu'au lieu où le monarque anglais se tenait enfermé.

Philippe forme le siége de Tours, qui, après une vive et opiniâtre résistance, est contrainte de céder à une force supérieure et se rend. Ce que voyant le roi de France, il envoya des ambassadeurs au roi d'Angleterre lui offrir la paix. On convint d'une entrevue qui eut effectivement lieu.

Les conditions du traité parurent trop onéreuses sans doute à Henri, qui refusa d'y souscrire ; mais un orage s'étant élevé, la foudre tomba entre les deux monarques et fit cabrer leurs chevaux. Ayant alors voulu se rapprocher, la foudre les sépara une seconde fois. Le roi d'Angleterre, qui eût dû tirer de ce phénomène l'induction que le ciel s'opposait à de nouveaux pourparlers, en tira l'induction toute contraire, et de ce moment n'hésita plus à souscrire à toutes les conditions qui lui furent imposées. Ce ne fut pas néanmoins sans une vive douleur, que ce monarque consentit à signer un traité honteux ; il prit si fort à cœur son infortune, qu'une fièvre vint l'assaillir, et lui ôter le peu de forces qui lui restaient pour supporter courageusement l'adversité. Après avoir vu s'accroître et déchoir successivement la puissance de ce prince, après avoir été témoin de la grandeur et de la magnanimité avec lesquelles il soutint des revers qui en auraient abattu de bien grands, nous allons maintenant assister à ses derniers moments.

Le soleil venait de paraître sur l'horizon, et les divers habitants du château de Chinon se préparaient à se livrer à leurs occupations quotidiennes ; le gouverneur, Robert de Thurneham, allait çà et là, examinant tout, relevant les sentinelles et changeant les mots d'ordre. Une surveillance active s'exerçait dans l'intérieur des murs, car la nouvelle de la prise de Tours par le roi de France s'était répandue dans la ville, et l'on craignait à tout instant que ce prince ne poussât jusques à Chinon et ne tentât de s'en rendre maître par la force des armes. Les postes venaient d'être doublés ; les gardes jetant de tous côtés un regard attentif se promenaient lentement le long des fortifications ; le pont était levé, lorsqu'une des sentinelles fit prévenir Robert de Thurneham, qu'on apercevait dans l'éloignement un groupe d'hommes armés. Le gouverneur se rend aussitôt aux créneaux et distingue effectivement une litière portée par quatre hommes et précédée par douze ou quinze gardes que suivait un nombre égal de chevaliers, dont l'un portait la bannière aux armes écartelées d'Angleterre et d'Anjou.

Il descend aussitôt sur la plate-forme, et les sons d'une trompette ne tardent pas à se faire entendre. Le pont-levis est baissé et la petite caravane pénètre en silence dans la cour du château.

Robert de Thurneham s'avance alors, ouvre la litière et, s'inclinant avec respect, présente au personnage qu'elle contenait une main sur laquelle, se soulevant avec peine, celui-ci pose le pied. Le gouverneur se relève alors et offre son bras à Henri qui le repousse, puis le rappelle en lui disant avec un accent de profonde douleur :

— « Pardon, chevalier Robert, je vous prenais pour mon fils Richard ; pardon, car j'ai manqué au devoir des rois, qui doivent savoir discerner au premier coup d'œil le bon et loyal sujet du traître qui les offense. »

Puis, accompagné de ses chevaliers et de ses gardes, appuyé d'un côté sur le gouverneur du château, de l'autre sur l'évêque de Lisieux, le roi monta lentement les degrés qui conduisaient à sa chambre de repos.

— « Laissez-moi, Messieurs, dit-il aussitôt,

j'éprouve le besoin d'être seul et de recueillir mes esprits ; de grâce, retirez-vous. »

Tous obéirent : Robert de Thurneham se promena seul, à pas lents, à la porte extérieure de la chambre.

Cependant au bout de quelques heures, inquiet de ne plus entendre de bruit, le brave chevalier frappe doucement, point de réponse ; il pénètre alors et aperçoit le roi à genoux sur son prie-dieu, la tête inclinée sur son épaule. Il le prend aussitôt dans ses bras, le dépose sans bruit sur sa couche et appelle les courtisans.

Henri revient à lui, et d'une voix faible :

— « Allez, bon serviteur, allez, dit-il, à Fontevrault ; là vous trouverez mon fils bien-aimé Geoffroy [1] ; vous lui direz qu'avant de paraître devant le Créateur, son père veut l'embrasser et le bénir encore ; puis vous enverrez auprès de Jean, mon autre enfant, celui que j'aimais, comme Jacob chérit son Benjamin, et vous le prierez, lui aussi, de venir me dire un dernier adieu. Allez, chevalier Robert, partez et comptez sur ma reconnais-

[1] C'était un fils naturel.

sance..... Mais avant tout, sire de Thurneham, donnez-moi la liste des conjurés qui ont tiré contre moi une épée régicide. Avant de mourir il faut leur pardonner, apportez-m'en la liste.

— « Mais, Sire, considérez.....

— « Eh quoi! chevalier, vous aussi me refusez l'obéissance! »

Robert sortit alors, craignant que la contradiction n'augmentât le mal de son maître, et rentra bientôt tenant un parchemin.

Le roi s'en saisit, le lut en silence, puis ses traits se décomposèrent, son teint devint livide, ses mains froissèrent l'écrit qu'on venait de lui remettre, et il n'eut que le temps de s'écrier en mots entrecoupés comme l'orateur romain :

« Eh quoi! Jean..... mon fils bien-aimé..... toi aussi! Eh bien! fils ingrat... que Dieu exauce la prière que je lui adresse, et je mourrai content!... sois maudit!... »

Puis cherchant à maîtriser son indignation :

— « Allez, Robert, allez et n'exécutez que la première partie de ma commission... pour mon fils Jean... qu'il reste loin de moi!... il ne viendrait ici, s'il y venait,... que pour me poignarder! . . . .

. . . .

Quelques heures après, le jeune Geoffroy entra dans la chambre de son père, qu'il trouva profondément endormi. Ce fils respectueux souleva la tête du roi et la posa avec précaution sur son sein. Henri poussa alors un profond soupir, et tournant vers Geoffroy des yeux languissants et appesantis par la souffrance : « Mon cher fils, lui dit-il, comme dans tous mes changements de fortune vous avez toujours tenu envers moi une conduite tendre et affectionnée, ainsi qu'eût pu le faire le meilleur des fils, aussi m'acquitterai-je envers vous, si Dieu me rend la santé, comme un père doit le faire, et vous rendrai-je le plus puissant de tous mes sujets ; mais si la mort vient m'empêcher d'accomplir ce dessein, puisse Dieu, à qui appartient la récompense de la vertu, acquitter ma dette envers vous, en vous comblant de ses dons ! »

— « Et moi, reprit le fils, je n'ai d'autre désir, ô mon père, que celui de vous voir rendu à la santé et au bonheur ! »

Puis, incapable de retenir plus longtemps les larmes qui s'échappaient de ses yeux, Geoffroy quitte le chevet de son père mourant et se retire. Apprenant cependant peu après des médecins que l'état du roi ne laissait plus d'espoir, il rentre dans la chambre et s'approche du lit d'Henri, qui, arraché à une sorte de léthargie par les sanglots qu'il entend autour de lui, entr'ouvre ses yeux que depuis quelques instants il tenait fermés, et d'une voix éteinte, demande à parler à l'archevêque d'York ; puis détachant de son doigt un anneau de grand prix qu'il réservait à son gendre le roi de Castille, il l'offrit à ce prélat et donna en outre l'ordre qu'un bijou précieux, qu'on gardait dans le trésor de Chinon, lui fût aussi remis ; puis laissant tomber sa tête en arrière, il expira le 6 juillet 1189, dans la cinquante-sixième année de son âge, non la soixante et unième, comme le prétend la Biographie universelle [1], et après un règne de trente-quatre ans.

A peine avait-il rendu le dernier soupir que les courtisans qui l'entouraient s'empressèrent de le dépouiller, et le laissèrent presque nu sur son lit, où il resta dans cet état jusqu'au moment où un

---

[1] Il était né en 1133.

jeune page eut pitié de lui, et, moderne Sem, détachant son manteau, en couvrit celui qui avait été son roi.

Geoffroy voulut donner des ordres pour les funérailles, mais les gardiens du trésor de Chinon refusèrent obstinément de lui en ouvrir les portes jusques à l'arrivée de Richard, le fils légitime de Henri II.

Ce dernier, apprenant la maladie de son père, vint en grande hâte à Chinon, mais il était trop tard ; quand il pénétra dans l'appartement du roi, celui-ci venait de rendre le dernier soupir.

Richard s'étant alors approché pour déposer un baiser sur la main de son père, le sang jaillit en abondance des narines et de la bouche du cadavre; ce que voyant le jeune prince, il se sentit pénétré d'une vive douleur et s'écria qu'il était le meurtrier de son père.

Il ordonna aussitôt qu'on s'occupât du soin des funérailles, qui eurent effectivement lieu le lendemain.

On dressa un dais magnifique sur lequel fut placé l'infortuné monarque, que la vie, elle aussi, venait de trahir ! On lui ceignit la tête d'une couronne d'or [1]; on lui mit des gants aux mains; ses pieds furent chaussés de brodequins tissus d'or et garnis d'éperons du même métal. Puis, ayant au doigt un anneau, un sceptre, emblème du pouvoir dans une main sans force... un glaive au côté et le visage découvert, il fut transporté en grande pompe au lieu de sa sépulture, c'est-à-dire, à Fontevrault, où il fut inhumé par l'archevêque de Tours avec tous les honneurs dus à la majesté royale.

Un mausolée magnifique fut élevé à sa mémoire; on y grava l'inscription suivante :

REX HENRICUS ERAM. MIHI PLURIMA
REGNA SUBEGI,
MULTIPLICIQUE MODO, DUXQUE, COMESQUE
FUI.
CUI SATIS AD VOTUM NON ESSENT OMNIA
TERRÆ
CLIMATA, TERRA MODO SUFFICIT OCTO PEDUM.
QUI LEGIS HÆC! PENSA DISCRIMINA MORTIS,
ET IN ME
HUMANÆ SPECULUM CONDITIONIS HABE.
SUFFICIT HUIC TUMULUS CUI NON SUFFICERAT
ORBIS.

[1] Mathieu Pâris, tome II, p. 111.

« J'étais le roi Henri, j'ai conquis plusieurs États et gouverné à différents titres, comme roi, comme duc et comme comte. L'étendue du monde était trop petite au gré de mes vœux, et maintenant huit pieds de terre me suffisent. Toi qui lis ces mots, réfléchis aux terribles changements de la mort. Vois en ma personne un exemple de ce qu'est l'homme. Un tombeau suffit à celui à qui l'univers ne suffisait pas ! »

Ce fut sous l'inspiration de la même pensée, qu'un siècle plus tard le sultan Saladin, sur le point d'expirer, ordonna à l'un de ses officiers de porter son drap mortuaire dans les rues de sa capitale, en répétant à haute voix :

« Voilà ce que Saladin, vainqueur de l'Orient, emporte de ses conquêtes [1] ! »

Qu'il nous soit permis maintenant de jeter un coup d'œil sur la vie de Henri II, vie si pleine de fautes et de châtiments ! Nous trouvons une lettre de Pierre de Blois adressée à Guillaume, archevêque de Palerme, en réponse à la demande que lui avait faite ce dernier de lui tracer le portrait du roi d'Angleterre.

Nous empruntons à ce document précieux les

[1] Michaud, Histoire des Croisades.

détails suivants, qui nous fourniront des remarques intéressantes tant sur l'extérieur de ce prince que sur les qualités et les défauts de son cœur.

« Le Livre des Rois, dit Pierre de Blois, voulant louer la beauté de David, dit qu'il était roux. Henri était à peu près de cette couleur, avant qu'elle fût altérée par la blancheur de la vieillesse. Sa taille est médiocre; il paraît grand parmi les petits, sans paraître trop petit parmi ceux qui sont grands. Sa tête est ronde et sphérique, *tanquam sapientiæ magnæ sedes et alti consilii speciale sacrarium*, comme le siége d'une haute sagesse, et le sanctuaire particulier d'une grande pensée! Ses yeux sont ronds, doux et modestes quand il est tranquille; pleins de force, foudroyants quand il est en colère. Le roi demeure toujours debout, le matin, le soir, à la messe, au conseil, et ne s'assied jamais, si ce n'est à table et à cheval. »

L'auteur parle ensuite de la sobriété de Henri, de la simplicité de ses habits, de l'exercice auquel il se livrait chaque jour, notamment celui de la chasse. Passant de là à ses qualités morales, il loue en termes pompeux sa sagacité dans les délibérations, la force entraînante de son éloquence, sa tranquillité dans le péril, sa fermeté dans le malheur, sa modestie dans la prospérité. « Celui qu'il a une fois aimé, il cesse rarement de le faire ; celui qu'il a une fois haï rentre difficilement dans son amitié. Il consacre à la lecture tous les moments de loisir que lui laissent les embarras du trône que sa vigilance ne lui permet pas de négliger. »

Pierre de Blois exalte ensuite la charité de Henri envers les pauvres, sa munificence pour les églises, son désintéressement, l'étendue et l'affermissement qu'il avait donnés à ses états, son amour et ses soins pour la paix, qui ne fut troublée que bien malgré lui. L'auteur termine enfin sa lettre en disant que, pour célébrer dignement les mérites d'un tel prince, il faudrait un Cicéron ou un Virgile, et s'excuse de n'avoir pu, au milieu des louanges de tant d'hommes distingués, de n'avoir pu, comme la pauvre veuve, placer dans le trésor que la plus petite monnaie.

Cet éloge peut sans doute être taxé d'exagération, mais nous n'oserions prendre sur nous de démentir les écrits d'un auteur contemporain, dont le sentiment acquiert plus de poids encore de celui de lord Lyttelton, de Pitseus, de Duboulay, du nécrologe de Fontevrault, etc., etc.

Nous ajouterons seulement qu'on doit à ce prince la création de lois d'une sagesse reconnue. Ce fut lui qui établit la manière de rendre la justice encore en vigueur aujourd'hui dans la Grande-Bretagne.

Dix ans après, c'est-à-dire en 1199, Richard-Cœur-de-Lion, blessé devant Chalux d'un trait d'arbalète, se fit transporter à Chinon, où il mourut le 6 mars, dans une maison dépendante du château [1], et fut enterré auprès de son père en l'abbaye de Fontevrault. La couronne d'Angleterre et le duché de Normandie revenaient de droit à Arthus de Bretagne, fils de Geoffroy, frère aîné de Richard. Jean s'en alla aussitôt à Chinon, qu'il se fit livrer avec le trésor de son père par Robert de Thurncham. Ce brave serviteur fut immédiatement remplacé par Aymery de Thouars, qui, soupçonné d'intelligences secrètes avec les Français, se vit bientôt lui-même dépouillé de ses dignités. Gérard d'Athée prit sa place.

[1] Dumoustiers.

A cette nouvelle, Arthus de Bretagne s'assura immédiatement de l'Anjou, du Maine et de la Touraine, puis il vint mettre le siége devant Chinon, qui fut obligée de se rendre après plusieurs jours de résistance.

La même année le roi Jean se rendit à Chinon, dans le but d'apaiser les troubles qui s'étaient élevés dans le Poitou : il y trouva la reine Berangaire, veuve de son frère Richard-Cœur-de-Lion, et lui donna les deux villes de Loches et de Montbazon, qui ne lui appartinrent pas longtemps, comme nous allons le voir.

Trois ans après, c'est-à-dire en 1203, le jeune duc de Bretagne, Arthus, dont il a été fait mention plus haut, et qui était fils de Geoffroy, ayant été trouvé assassiné, personne ne douta que Jean son oncle ne fût coupable du crime qui avait privé de la vie un jeune prince dont l'existence était une barrière à son ambition bien connue.

En conséquence, le roi de France, Philippe, le fit citer devant la cour des Pairs, afin qu'il pût se laver de cette imputation. Mais n'ayant pas jugé convenable de comparaître, Jean fut convaincu de félonie, « pour cette raison condamné à perdre toutes les terres qu'il avait en France, qui seraient acquises et confisquées à la couronne, et tous ceux qui le défendaient, réputés criminels de lèse-majesté [1]. »

Le pape Innocent III ayant ratifié cet arrêt, Philippe-Auguste s'empara de la Normandie, et alla mettre le siége devant Loches, qui ne se rendit qu'après une résistance opiniâtre ; puis devant Chinon, qui l'arrêta une année entière. La ville était alors défendue par un capitaine brave et expérimenté, nommé Gérard de Lascey ; mais tous les efforts du talent et du courage échouèrent devant les forces et la persévérance du roi de France, qui réussit enfin à se rendre maître de Chinon le 25 Juin 1205.

Jean, que la perte de ses états avait fait surnommer Sans-Terre, ne négligea cependant aucune occasion d'obtenir l'absolution et de faire lever l'interdit qui pesait sur lui. Il y parvint en partie l'an 1213. Les évêques lui accordèrent le premier de ses désirs, tout en lui refusant le second. Il se mit alors à la tête de ses barons, résolu à ne rien épargner

[1] Mézeray, tom. II, p. 235.

pour reconquérir ses possessions. Il s'unit au comte de Flandres et brûla les châteaux d'Aire et de Lens en Artois.

Philippe, dans le dessein de s'opposer aux progrès de son ennemi, rappela de Flandres son fils Louis, et le mit à la tête d'une armée puissante. Ce prince établit alors sa place d'armes à Chinon, où il reçut Pierre de Dreux à la tête des troupes bretonnes.

Jean-Sans-Terre se met aussitôt en marche et arrive devant le château de la Roche-aux-Moines qu'il assiége ; ce qu'apprenant le jeune Louis, il sort de Chinon à la tête de son armée, et vient livrer bataille à Jean (1214), dont les soldats, saisis d'une terreur panique, s'enfuient à son approche. Le 25 juillet eut lieu la fameuse bataille de Bouvines, où fut fait prisonnier le comte Ferrand. Celui-ci fut amené par le vainqueur à Paris où il entra traîné, dit Mézeray, par des chevaux *ferrants*, c'est-à-dire de poil bai obscur et couleur de fer, ce qui fit dire au peuple :

> « Quatre ferrants
> Bien ferrés
> Traînent Ferrand
> Bien enferré ! »

Le légat du pape ayant sollicité une trêve en faveur du roi Jean-Sans-Terre, elle fut conclue au château de Chinon, le 9 octobre 1214. A deux ans de là, ce prince mourut après avoir perdu ses possessions en France, et fait de vains efforts pour les recouvrer : digne punition de sa trop coupable conduite, de son libertinage, de ses excès et de son impiété filiale.

Philippe-Auguste lui-même mourut, laissant au trône son fils Louis VIII, qui gouverna trois ou quatre ans seulement, et sous le règne duquel il ne se passa rien à Chinon qui mérite d'être rappelé. Mais l'année 1226, qui fut la première du règne de Louis IX, ce prince et la pieuse reine Blanche, sa mère, se rendirent en pèlerinage au tombeau de saint Martin ; puis, de là, passèrent à Chinon. Blanche quitta cette ville pour aller en personne mettre un frein à la révolte du comte de la Marche et des autres seigneurs qui s'étaient joints à lui. On fut contraint de traiter; et les grands qui composaient cette ligue, dont les principaux étaient : Pierre, duc de Bretagne; Henri, comte de Bar, son beau-frère; Hugues de Lusignan, comte de la Marche ; Thibaud, comte de Champagne, et

Hugues de Châtillon, comte de Saint-Pol, convinrent de se rendre à un parlement général. La reine insista pour qu'il eût lieu à Chinon; mais sur les instances réitérées des seigneurs que nous venons de nommer, elle décida qu'il se réunirait à Tours; puis on changea d'avis et il fut tenu à Vendôme.

Vers la fin de l'année 1241, ayant assemblé la fleur de sa noblesse, le roi se rendit à Saumur, où il donna à son frère Alphonse la ceinture de chevalier, et partagea avec lui le Poitou, l'Auvergne et tout ce qui avait été pris aux Albigeois en Languedoc.

Peu après Louis IX apprit que Lusignan, comte de la Marche, refusait obstinément de rendre hommage à Alphonse, qui avait épousé Jeanne, héritière du comte de Toulouse. Justement irrité d'une semblable résistance, le roi convoque les grands vassaux à Chinon, où il se rend en personne; puis il ordonne aux troupes de quitter cette ville, et d'aller sous la conduite du sire de Preuilly, descendant de l'inventeur des Tournois, ravager les terres du comte rebelle. Ses intentions sont exécutées à la lettre, et Lusignan se voit contraint de venir aux genoux du roi implorer un pardon qui lui est généreusement octroyé (1243).

Après avoir été tour à tour prison, théâtre de scènes sanglantes et d'agonies royales, puis salle de conseil, nous trouverons le château de Chinon converti, l'an 1323, en palais de justice, lors du procès si tristement fameux qui mit un terme à l'existence de l'ordre entier des chevaliers du Temple.

Cet ordre fut, comme chacun sait, institué en 1118 dans le but noble et chevaleresque de protéger les pèlerins qui se rendaient journellement dans la terre sainte pour y visiter les lieux rendus illustres par les souffrances et la mort du Rédempteur. Les deux premiers, ou du moins les deux plus illustres chevaliers furent Hugues de Paganis et Geoffroy de Saint-Omer. Baudouin II, roi de Jérusalem, les reçut en grande faveur, et pour marque de sa protection et de l'intérêt qu'il leur portait, il leur assigna un logement dans son palais, près du Temple ; d'où leur fut donné le nom sous lequel nous les connaissons.

Cet ordre exista longtemps ; et durant les premières années de sa création, il sut se faire aimer des chrétiens pour le bien qu'il leur fit, et craindre des ennemis de la foi par la valeur et les vertus qui distinguaient ses membres. Les Templiers acquirent peu à peu de grandes richesses, obtinrent une influence très-étendue, un pouvoir immense. Ils cessèrent alors d'être des héros, et se montrèrent hommes : l'orgueil s'empara de leur cœur, l'or les amollit, et ils ne tardèrent pas à s'abandonner aux vices les plus répréhensibles. Qu'on ait exagéré leurs fautes, nous le croyons sans peine; mais qu'on ait condamné des innocents, c'est là ce qui serait plus difficile à admettre. Les rois furent contraints de s'opposer à la licence des chevaliers, qui, au dire de quelques-uns, de persécuteurs de voleurs, étaient devenus voleurs eux-mêmes. Un des crimes principaux qu'on leur impute est d'avoir pillé le temple d'Acre en 1291 [1], et de s'être livré à la piraterie sous le commandement de Runtzer ou plus communément Roger, fils de Richard Florus, grand-veneur de l'empereur Frédéric. On les accusa en outre d'impiété, de blasphèmes, de libertinage et d'ivrognerie : ils furent, en conséquence, arrêtés par ordre de Philippe-le-

[1] Histoire des Templiers, par le père M. J.

Bel le 13 octobre 1307, et abrogés par le pape Clément V le 3 avril 1312.

Dans le courant de l'année 1308, le grand-maître de l'Ordre, Jacques de Molay, Hugues de Peraldo, visiteur de France, Galfride de Gonaville, précepteur d'Aquitaine et de Poitou, Guy, frère du dauphin d'Auvergne et précepteur de Normandie, et le grand-commandeur d'Outre-Mer, furent transférés par ordre du roi de France à Chinon, et enfermés dans les cachots de ce château, d'où on les fit sortir pour subir un interrogatoire sur le fait des imputations alléguées contre eux.

Le pape envoya sur les lieux trois cardinaux : Béranger Fredoli, Étienne de Suisy et Landulphe Brancaccio. Ceux-ci s'étant assemblés le samedi dans l'octave de l'Assomption, se firent amener les principaux chevaliers de l'Ordre, dont nous avons donné les noms plus haut. Le même jour, en présence de quatre tabellions, de messire Jean de Jeanville, gouverneur de Chinon, et de grand nombre de personnages de distinction, comparurent par-devant ces trois prélats, le précepteur de Chypre, qui, après avoir prêté serment, confessa avoir renié le Christ et craché sur la croix [1], et le précepteur de Normandie, qui fit les mêmes aveux. Le soir de ce jour, furent également interrogés les précepteurs de Poitou et d'Aquitaine, qui se reconnurent coupables des mêmes sacriléges que leurs frères. Cette séance dura bien avant dans la nuit.

Le lendemain matin, Hugues de Peraldo comparut à son tour; mêmes aveux. Enfin le mardi suivant, le grand-maître Jacques de Molay, après avoir tout confessé, supplia qu'on voulût bien entendre un frère qui l'accompagnait toujours; après quoi les cardinaux écrivirent de Chinon à Clément V un compte-rendu des interrogatoires, et recommandèrent les chevaliers à la clémence du roi, alléguant en leur faveur l'humilité d'une confession [2] qu'ils rétractèrent plus tard.

Les Templiers restèrent encore quelque temps enfermés à Chinon, et vinrent expirer sur un bûcher à Paris en 1313.

[1] *Confessus est abnegationem domini nostri Jesu Christi, et spuitionem juxta crucem.* (Lettre des cardinaux à Clément V.)
[2] *Ipse tanquam filius obedientiæ, et suum recognoscens reatum confessus.* (Lettre des cardinaux à Clément V.)

Quelques historiens, amis du merveilleux, prétendent que Jacques Molay, du milieu des flammes, ajourna le pape à comparaître sous quarante jours, et le roi de France sous un an au tribunal de Dieu. En effet, ni l'un ni l'autre ne passa ce terme. Mézerai paraît peu convaincu de ce fait.

Quoi qu'il en soit, nous ne saurions croire à l'innocence complète des Templiers, d'autant plus qu'il serait difficile d'assigner au roi un motif pour les avoir condamnés avec autant de sévérité. L'avarice ne fut évidemment pas le mobile de cette mesure, puisque les biens des chevaliers furent, après l'abolition de leur Ordre, donnés aux Hospitaliers, et que Philippe-le-Bel n'en garda rien.

Cette question a du reste été discutée avec beaucoup trop de science, de talent et de conviction par divers écrivains, pour que nous tentions d'incriminer ou de justifier les Templiers. Cette tâche serait au-dessus de nos forces et de plus complétement étrangère à notre histoire.

Vers la fin de ce siècle (1364), Charles V donna Chinon à Louis, duc d'Anjou et fils du roi Jean. Charles confirma de nouveau cette donation par lettres datées du 13 mai 1370. Quinze ans plus tard, Charles VI donna à Louis, son frère, le duché de Touraine et le comté de Chinon.

Maintenant va s'ouvrir une nouvelle ère pour Chinon, ère de gloire, d'amour et de souvenirs, ère dont les modestes et simples gens de Touraine ont conservé la mémoire, ère de restauration et de salut pour notre beau pays. Désormais, les plaintes des prisonniers et des combattants viendront se briser au pied des antiques murailles du château, qui ne retentira plus que des chants d'amour d'un roi et des cris de joie de la France !

Les cachots vont se fermer et les bosquets s'ouvrir ; au bruit et à l'agitation des combats va succéder le mouvement des chevaliers preux et féaux, qui, après avoir brisé leur épée au service des rois, viendront rompre leur lance au service des dames.

Après tant d'années de luttes acharnées, après tant de sang versé, les ennemis de la France, abattus, seront enfin chassés à jamais du sol de notre patrie !... Peuples, inclinez-vous, et laissez passer la justice de Dieu !

DEUXIÈME PARTIE.

Agnès Sorel.

« Puis si j'ai quelque force on verra vivre icy,
Et Sorelle et Sorel dont mon ame a soucy. »

(Baïf.)

CHAPITRE PREMIER.

Charles VII. — Arthus, comte de Richemont, reçoit l'épée de connétable à Chinon.

Ce fut au plus fort de la querelle des ducs d'Orléans et de Bourgogne, que naquit, le 22 février[1] 1402, Charles, quatrième fils de Charles VI. Ce prince fut baptisé à Paris en l'église de Saint-Paul, où il fut tenu sur les fonts par messire

---

[1] Selon Alain Chartier le 28; cet auteur mérite toute croyance; mais l'opinion contraire ayant prévalu, nous lui donnerons la préférence.

Charles, seigneur d'Albret, cousin germain de Charles VI, et qui l'année suivante reçut l'épée de connétable, rendue disponible par la mort de Loys de Sancerre.

Malgré la maladie du roi, le jeune Charles ne jouit pendant longtemps que de peu d'influence dans l'État; ce qui s'explique aisément. En premier lieu, comme nous venons de le voir, ce prince avait devant lui trois frères, ses aînés, qui furent dauphins l'un après l'autre, jusqu'en 1415, époque où la mort de Jean laissa Charles en possession de ce titre et dans l'attente de la dignité royale. De plus les contestations des ducs d'Orléans et de Bourgogne, qui possédèrent et s'arrachèrent tour à tour le pouvoir, opposaient à l'héritier présomptif du trône une nouvelle barrière à franchir. L'ambition de ces deux ducs, la folie du roi, les intrigues d'Isabeau, la lutte avec les Anglais, présentaient autant de difficultés à surmonter, et pour les surmonter il ne fallait rien moins qu'un prince doué d'une énergie au-dessus du commun, d'un génie immense, d'une fermeté inébranlable. L'histoire s'accorde à refuser ces qualités précieuses à Charles; mais si l'on considère de bonne foi avec quelle heureuse habileté il sut se tirer de tous les mauvais pas où la fortune contraire l'engageait à chaque instant, si l'on se rappelle la bravoure qu'il déploya plus tard, on lui pardonnera facilement quelques heures de découragement, d'abandon, de désespoir, et l'on sera plus porté à rendre justice à ses immenses qualités.

En 1412, les Anglais *chevauchèrent* et traversèrent la Loire pour se rendre à Beaulieu près de Loches, dont ils brûlèrent l'abbaye et retinrent l'abbé prisonnier; puis, encouragés par ce premier succès, ils marchèrent sur Chinon, dont ils s'emparèrent. Mais le sire de Gaucourt, qui venait d'être battu à Saint-Remy-du-Plain par le comte de Saint-Pol, rassembla à ses frais un grand nombre de gens de guerre [1], et vint pour reprendre cette ville. Ce brave chevalier réussit dans son noble projet; et, après avoir dépensé 12,000 écus d'or dans cette circonstance, il eut la satisfaction de remettre la place sous l'obéissance du roi.

En attendant qu'il pût lui rembourser des avances aussi considérables, Charles VI, en ré-

---

[1] Voyez Chalmel, Histoire de Touraine.

compense d'un tel service, donna au sire de Gaucourt le gouvernement de Chinon, qui passa à son fils Charles de Gaucourt, envers qui Louis XI s'acquitta définitivement des sommes dépensées par son père au service de l'État.

En 1418, le jeune Charles ayant laissé le gouvernement du Languedoc à Charles de Bourbon, comte de Clermont, se retira à Tours, puis à Bourges, où il prit le titre de régent.

Quelque opposé qu'il fût au duc de Bourgogne, et quelque colère qu'il renfermât dans son cœur contre ce prince, le voyant sur le point de conclure un traité avec Henri V, roi d'Angleterre, le dauphin ne put se refuser plus longtemps à un rapprochement qui eut lieu l'année suivante à Poilly-le-Fort; puis ce même duc ayant été assassiné à Montereau, Charles fut accusé du meurtre, et, saisissant avec empressement cette circonstance, sa mère dénaturée, l'infâme Isabeau, ordonna à tous ceux qui suivaient le parti de son fils de l'abandonner. Tout concourait à le perdre. La folie de Charles VI faisait commettre à ce prince les mêmes actes qu'une ambition démesurée, jointe à l'oubli de tous les sentiments du cœur, inspirait à son adroite et intrigante épouse. Le roi signe, en 1420, l'odieux traité de Troyes, qui déshérite le dauphin pour placer sur le trône de France le roi d'Angleterre, auquel il promet de plus sa fille Catherine en mariage.

Heureusement le roi ne survécut pas longtemps à ce traité. Il mourut en 1422, et son fils, oubliant les actes arrachés à la démence de son père, versa des larmes sur sa mémoire.

Lorsqu'il reçut la nouvelle de cet événement, Charles VII, qui était alors au château d'Espally, près le Puy-en-Velay, se rendit à la chapelle, où toute la cérémonie du sacre se borna à faire élever en l'air, par un héraut, la bannière aux armes de France, qui fut saluée des cris unanimes de « Vive le roi! » Nulle solennité n'accompagna cette prise de possession d'un des plus glorieux trônes du monde; et bien qu'un petit nombre de sujets fidèles entourassent alors sa personne, Charles VII conçut bon espoir; car si ses serviteurs étaient rares, du moins formaient-ils la fleur des preux; et, à voir tous ces braves réunis et consacrant un roi dans le silence, ayant pour toute perspective cette bannière que leurs ancêtres avaient rendue si redoutable, pour tout appui l'épée que leurs aïeux leur avaient transmis, on eût cru voir ces fervents chrétiens des premiers âges qui, le martyre en regard et devant les yeux le glaive ensanglanté de leurs farouches persécuteurs, se rassemblaient au fond des antres ténébreux pour y adorer en silence, y payer au roi des rois le tribut de leurs hommages, lui sacrifier leur vie s'il l'exigeait!

L'année 1423 fut remplie d'événements de diverse nature, et qui influèrent considérablement sur l'avenir. Le 4 juillet, Louis, qui régna après son père, naquit à Bourges, fut tenu sur les fonts de baptême par Jean, duc d'Alençon, et *christianné* par messire Guillaume de Champeaux, évêque et duc de Laon.

Le duc de Bedford s'empara de Meulan, et reçut quelques seigneurs, qui abandonnèrent le parti de Charles VII pour se joindre à lui : mais ce succès fut contre-balancé par la victoire que Jehan d'Harcourt, comte d'Aumale, remporta sur les Anglais, dans le Maine.

Un fait plus grave s'accomplit encore cette même année. Arthus de Bretagne, comte de Richemont, que les Anglais avaient fait prisonnier à la bataille d'Azincourt, et qu'ils retenaient en leur pouvoir depuis cette époque, étant parvenu à leur échapper, revint en France. Le duc de Bedford comprit facilement combien il lui importait de gagner à sa cause un auxiliaire aussi puissant. Du consentement donc du duc de Bourgogne, il offrit en mariage, à Arthus, Marguerite, fille de ce dernier; mais d'un autre côté, Charles VII n'épargna rien pour contrecarrer les projets du régent, relativement au comte de Richemont, qui, se sentant d'ailleurs porté pour la France, ne tarda pas à s'attacher au parti de celui que ses ennemis avaient, par dérision, surnommé : « Le petit roi de Bourges. » Charles ayant, en 1421, donné Chinon à sa femme, Marie d'Anjou, lui retira cette ville, en 1423, pour en faire présent à Archibald, comte de Douglas, qu'il fit duc de Touraine, mais qui ne porta ce titre que bien peu de temps, ayant été tué quatre mois après.

Chinon fut sur le point d'appartenir, l'année suivante, à Louis d'Anjou. Ce prince étant fiancé à Isabelle, fille de Jean de Bretagne et nièce du roi, Charles VII promit à Louis de lui compter cent mille livres comme dot d'Isabelle, et en attendant le paiement de cette somme, il lui remit, en nantissement, la ville de Chinon. Ce don fut du reste frappé de nullité, le mariage ne s'étant pas accompli.

Poussé par le désir de s'attacher plus fortement encore le comte de Richemont, le roi résolut de lui donner l'épée de connétable ; mais le duc de Bretagne, craignant que cette offre ne renfermât une trahison, refusa de livrer son parent à Charles VII, qui, pour le rassurer, lui offrit, en garantie de la sûreté d'Arthus, les villes de Lusignan, de Loches, de Chinon et de Meun-sur-Yèvre. Le duc n'hésita plus, et envoya le comte auprès du roi, qui lui ceignit l'épée, comme nous allons le voir. Nous extrayons ces détails du manuscrit d'Étienne Chevalier, qui commence à cette époque, et dans les termes suivants :

« Ceste année, au moys de mars, le roy estant parti de Bourges, vint en son chastel de Chinon, receut monseigneur Arthus de Bretaigne, comte de Richemont, etc. »

Le comte de Richemont étant arrivé à Chinon vers la fin de février 1424 [1], le roi décida que la

---

[1] Ou 1425, selon la manière actuelle de compter les années.

cérémonie de la réception d'Arthus aurait lieu dans le château de la ville, le 7 mars suivant.

Ce jour étant venu, le futur connétable se rendit, vers les neuf heures du matin, en la chambre du roi, où le grand écuyer apporta l'épée royale, à la poignée d'azur, émaillée de fleurs de lys d'or. Le roi s'assit alors, entouré de tous les gentilshommes et chevaliers de l'ordre, et dit :

« Monsieur de Bretaigne, nostre chier cousin; en considération des grand sens, industrie, prouesse, prudence et vaillance de vostre personne, tant en armes qu'aultrement, la prochaineté dont vous nous attenés, et la maison dont estes issu, ayant égard mesmement à ce que pour nostre propre faict et querele, avez exposé et abandonné moult honorablement vostre personne à l'encontre de nos ennemis, à la iournée d'Agincourt, à laquelle avez vaillament combattu, et iusques à la prinse de vostre personne. Voulant ces choses vous recognoistre en honneurs, bienfaicts et aultrement, comme bien nous y sentons tenu; pour les causes devant touchées et aultres, à ce nous mouvant, vous faisons, ordou-

Le manuscrit, qui date les années de la fête de Pâques, marque 1424.

nons, establissons et constituons connestable de France, et chief principal, après nous, et soubs nous, de toute nostre guerre. »

A quoi le comte de Richemont répondit :

« Nous remercions nostre très chier et vénéré seigneur, maistre et cousin, le roi de France, de la faveur que il nous veult bien octroyer, et bien qu'ayons icelle peu méritée de nostre faict, l'acceptons comme un engagement de le servir de tout nostre pouvoir, et iusques à la mort, envers et contre tous, et devant tout contre les ennemis de la France. »

Le roi se leva alors, et sortit de la chambre accompagné de sa cour, qui marchait dans l'ordre suivant :

D'abord les archers de la garde ouvraient la marche : ils furent suivis du maréchal de Severac, de Christophle de Harcourt, de Guillaume Bélier, gouverneur de Chinon, du sire de Montejean ; vinrent ensuite maître Adam de Cambrai, président du parlement, le maréchal et le président de Savoie, l'amiral de Bretagne, Guillaume d'Avaugour, maître Renaud de Marle, le sieur de Treignac, l'archidiacre de Reims, le gouverneur d'Orléans.

A ces seigneurs succédèrent les gentilhommes

de la maison du roi, portant leur hache ; puis six héraults d'armes revêtus de leur cotte-d'armes et nu-tête ; après eux, le grand-écuyer, également la tête découverte et tenant à la main l'épée royale dans le fourreau ; le chancelier de France, archevêque de Reims ; enfin le roi, ayant à ses côtés l'archevêque de Sens et l'évêque d'Angers, et accompagné de monseigneur le grand-maître et du comte de Richemont, offrant la main à Marie d'Anjou. Cette princesse était suivie de mesdames de Severac et Bélier, née de Maillé ; un page portait sa queue.

Le grand-maître était vêtu d'une robe de *veloux cramoisi*, bordée de parfilure d'or et d'argent, et tous se rendirent dans cet ordre de la chambre du roi à la grande salle de Chinon, où le roi s'assit sur un fauteuil devant une petite estrade couverte d'un drap d'or, sur laquelle était posée la vraie croix.

L'archevêque de Reims, chancelier de France, s'avança alors, et dit à Arthus :

« Monseigneur de Richemont, placés vostre dextre sur cet emblesme de la Foy durant que je vais lire à haute voix le serment que serez tenu de faire au roi nostre syre. »

Le connétable obéit, et fit le serment selon la formule prescrite. Après quoi le roi se leva de son siége, et le grand écuyer ayant levé en l'air l'épée et le ceinturon, les remit au roi, qui, aidé des gentilshommes qui l'entouraient, ceignit le ceinturon au connétable; puis, tirant l'épée nue, il la lui remit aussi. Le comte fit alors une profonde révérence.

Aussitôt les trompettes sonnèrent, et les héraults se mirent à crier : *Vive monsieur de Richemont, le connétable de France!* puis tous s'en retournèrent, dans le même ordre qu'ils étaient venus, à la chapelle où l'archevêque de Reims officia pontificalement, et où, durant la messe, le connétable se tint devant le roi, l'épée nue à la main [1] !

Ensuite eut lieu un magnifique repas, dont Étienne Chevalier ne nous a pas conservé les détails. Il dit seulement qu'un paon magnifique, à la queue déployée et couverte de toutes ses plumes, fut apporté par un page et sur un plat de vermeil dans la salle du festin; que placé devant la reine, celle-ci le renvoya à Monsieur le

---

[1] On sait que de tenir l'épée nue à la main devant le roi était le privilége exclusif des connétables.

connétable, qui le découpa en tous sens avec tant d'art que quatre-vingt-huit personnes qui se trouvaient à table en goûtèrent toutes et furent satisfaites. Sur quoi le roi dit en souriant à Arthus, qu'il espérait bien qu'il ne se montrerait pas moins habile à *tailler* les ennemis que le bel oiseau qu'il venait de partager. « Syre, répondit le connétable, n'en veuillez doubter, et certes n'attendrai pas que ils soyent morts! »

Puis il rendit au roi les châteaux de Lusignan, de Loches et de Meun-sur-Yèvre, qui, nous l'avons vu plus haut, avaient été offerts par Charles VII au duc de Bretagne, comme garantie de la personne de son frère Arthus; mais le roi exigea qu'Arthus gardât Chinon où il avait reçu la dignité de connétable.

Le comte de Richemont prit congé de la cour, mais il y laissa l'évêque de Clermont et le seigneur de Freignac, qu'il chargea de presser le roi d'exiler le président Louvet, qu'il soupçonnait d'avoir trempé dans le complot ourdi par Tanneguy-Duchatel contre le duc de Bretagne.

CHAPITRE II.

La Trémouille. — Assemblée des États-Généraux à Chinon. — Siége de la ville et trahison du gouverneur. — Charles VII tient conseil pour savoir s'il recevra Jeanne d'Arc.

—

Charles VII quitta Chinon et se rendit à Poitiers, d'où il revint à Saumur le 7 octobre de l'année 1425; il y conclut un traité avec le connétable, qui lui fit hommage pour le duché de Bretagne. Puis il se rendit à Bourges.

Animé d'une noble ardeur et désirant prouver au roi l'envie qu'il avait de le servir, le connétable alla attaquer Saint-James-de-Beuvron en Normandie ; mais le sire de Giac, alors ministre de Charles VII, jaloux de l'empire que le connétable exerçait déjà sur l'esprit de son maître, refusa de lui envoyer les secours qu'il lui demandait. Arthus fut donc contraint, après une sanglante défaite, de renoncer à son entreprise. Il en conçut un vif déplaisir, jura de se venger, et pour cet effet embrassa dès lors le parti de La Trémouille, et d'accord avec ce seigneur, saisit le sire de Giac à Issoudun et le fit noyer.

Non content de cette première vengeance, il enleva le chancelier de Bretagne qu'il soupçonnait de complicité avec le sire de Giac et le fit transporter au château de Chinon, où était le roi, devant qui il l'accusa de s'être laissé corrompre par les Anglais sous la promesse d'une riche récompense.

Charles VII ordonna en conséquence au chancelier de paraître en sa présence, et lui demanda l'explication de sa conduite. Celui-ci nia tout et parvint à se disculper. Ayant d'ailleurs promis au roi de ménager en temps et lieu la paix avec le duc de Bourgogne, désir le plus cher au cœur de Charles, il fut acquitté et envoyé vers le duc ainsi que vers le duc de Savoie. Mais le régent ayant réussi à rattacher de nouveau à son parti le duc de Bourgogne, les négociations du chancelier de Bretagne n'eurent aucun succès.

Arthus se rendit alors à Chinon et de là suivit la cour à Meun-sur-Yèvre. Au mois de janvier (1426), le roi alla à Issoudun, et mit Le Camus de Beaulieu à la place du sire de Giac; ce qu'ayant appris le connétable, il partit pour la cour et obligea le roi à mettre de côté Le Camus et à prendre pour ministre La Trémouille : le roi résista et lui dit :

« Mon cousin, vous vous en repentirez ! »

Mais Arthus ayant insisté, Charles finit par céder.

Cependant Charles VII conçut un assez vif ressentiment de ce fait, et son ressentiment fut encore nourri et fomenté par celui qui en était la cause première, La Trémouille, qui, irrité de l'air de supériorité que le connétable s'était arrogé dans toutes les affaires, n'attendait que la première occasion de secouer le joug. Arthus, doué d'ailleurs d'un esprit fier et remuant joint à un caractère emporté, ne pardonnait pas à Charles d'avoir relâché le chancelier de Bretagne, et saisit ce prétexte pour passer du côté des Anglais.

A la première nouvelle de cette défection, loin de pacifier et de s'efforcer à ramener le connétable, comme la prudence ordonnait de le faire, La Trémouille s'emporta, invectiva contre son ancien protecteur, et sourd à la voix de la reconnaissance, profita avec empressement de cette circonstance pour retirer au connétable toutes ses pensions.

Enflammé de courroux, le comte de Richemont n'hésite pas à lever l'étendard de la révolte. Il se joint aux seigneurs de Bourbon et de la Marche, qui se rendent à Chinon auprès de la duchesse de Guyenne, épouse du connétable, dans le but de se concerter ; ils reçoivent le 16 octobre, en qualité d'ambassadeur du roi de France, l'archevêque de Tours et le sire de Gaucourt qui avait été précédemment gouverneur de Chinon et dont le fils le fut dans la suite ; mais quelques arguments que pût employer le prélat pour les faire rentrer dans le devoir, tout fut inutile : les rebelles n'en persistèrent pas moins dans leur dessein, et les deux envoyés s'étant retirés et ayant transmis au roi la réponse définitive des seigneurs de Bourbon et de la Marche, ce prince donna ordre à quelques troupes d'aller s'emparer de Chinon.

Arrivés devant cette place, les gens du roi gagnèrent Guillaume Bélier, qui en était gouverneur, et qui, d'après leurs instructions, fit faire aux murailles de Chinon un trou par lequel les troupes de Charles VII s'introduisirent dans la ville.

La duchesse de Guyenne, effrayée, fit demander au capitaine qui commandait les gens du roi, si son intention était de s'emparer de sa personne et de la garder comme otage ; mais l'officier la rassura, lui permit de se retirer emportant ses habits, ses meubles et sa vaisselle, et lui accorda même une escorte suffisante pour assurer sa retraite.

Quant à Guillaume Bélier, il conserva sa charge de gouverneur de la ville, dont on augmenta la garnison, et fut même plus tard créé grand veneur de France. Il est toujours dangereux à un roi de récompenser ainsi la trahison : c'est en même temps l'encourager ; et Louis XI montra plus de sagesse, lorsqu'après s'être fait rendre une place qu'il assiégeait, sous promesse de cent lances, il les envoya en peinture au capitaine qui lui avait livré la ville.

Le roi assembla les États-Généraux à Chinon, dans les premiers jours d'octobre 1428. On annonça que chacun des assistants aurait franche liberté « d'acquitter sa loyauté, et de dire pour le bien des besognes tout ce que bon lui semblerait. » Les États se prolongèrent jusque vers le milieu du mois de novembre, et demandèrent la réforme de la Chambre des comptes, celle des tribunaux inférieurs du royaume, et la réunion en un seul des deux parlements de Poitiers et de Béziers, réunion qui fut prononcée le 7 octobre 1428 et subsista jusqu'en 1443. Les États accordèrent au roi 400,000 livres, à prendre, moitié sur la langue d'oïl, moitié sur la langue d'oc et le Dauphiné, et la noblesse ainsi que le clergé furent tenus de concourir à cette taille.

Cependant, fatigué de ces luttes incessantes, voyant l'Anglais, déjà possesseur d'une grande partie de la France, poursuivre avec une ardeur toujours nouvelle le cours de ses conquêtes, Charles VII, découragé, s'était retiré à Chinon, où il se livrait à tous les plaisirs, négligeant les fatigues de la guerre et fuyant le tumulte des camps. Nulle remontrance ne l'émouvait : il restait sourd aux plaintes de ses capitaines, et passait gaiement son temps à rire, chanter et danser! Qui ne connaît cette belle réponse de La Hire, qui entrant un jour chez le roi, le trouva occupé à répéter un pas de ballet, et le monarque lui ayant demandé ce qu'il pensait de sa grâce et de sa légèreté :

« Pardieu! sire, répondit La Hire avec dépit : ie n'ay iamais ouï qu'un roy eust perdu aussi gayement son roïaume! »

Mais ce que ni les plaintes ni les murmures de ses généraux et de ses soldats n'avaient pu faire, deux femmes l'entreprirent; et parlant au roi, l'une au nom de sa pudeur, l'autre au nom de sa beauté, elles surent ranimer son courage abattu, lui mirent l'épée à la main, et la couronne sur la tête!

Jeanne, la noble, la valeureuse Jeanne va paraître sur l'horizon de l'histoire. Nous allons assister à ses luttes, à ses victoires, à sa mort! Nous la verrons déployer un courage au-dessus de son sexe et une modestie au-dessus du nôtre.

Le roi était, en février 1428, au château de

Chinon lorsqu'arriva un héraut porteur de la nouvelle que les Anglais, sous la conduite du comte de Salisbury, avançant toujours vers la Loire, venaient de former le siége d'Orléans. Grande fut la consternation du roi ; indécis, ne se sentant pas assez fort pour résister, Charles VII prit le parti de quitter Chinon et de se rendre à Bourges aussitôt qu'il apprendrait la reddition d'Orléans. Le roi avait déjà tenu à cet effet des États à Chinon au mois de novembre [1], et bien que la décision n'en soit pas connue, toujours est-il vraisemblable qu'on opina pour le départ. Mais le ciel en avait autrement disposé, et contre l'attente du roi et de son parti, la cause des Français allait se relever, et la couronne de Charles VII briller d'un nouvel éclat.

Le bruit se répandit qu'une jeune fille, âgée d'environ dix-huit ans, pucelle inspirée de Dieu pour faire triompher les gens du roi, venait d'ar-

---

[1] C'est ce qui appert d'une lettre par laquelle Charles VII fait remise à Montpellier de 1000 livres tournois, en considération de ce que les députés de cette ville se trouvèrent les premiers à Chinon, lors des États qui y furent tenus en novembre 1428.

river à Sainte-Catherine-de-Fierbois, habillée en homme et accompagnée de vingt chevaliers, d'un écuyer et de quatre valets, qui lui avaient été donnés par Robert de Vaudricourt pour l'escorter jusqu'aux lieux où la cour avait fixé sa résidence.

Effectivement, le 20 février, Charles VII, au moment de se mettre à table pour prendre son repas du soir, reçut un héraut qui demanda instamment à être admis le plus tôt possible en présence du roi. Dès qu'il fut introduit, cet homme lui présenta des papiers que Charles ouvrit avec avec précipitation, pensant y trouver la confirmation des tristes nouvelles qu'il attendait d'Orléans ; mais après en avoir pris connaissance, il se leva de table sans plus attendre, et faisant demander Renaud de Chartres, il se retira dans son cabinet. Lorsque Renaud entendit les ordres du roi, il se prépara à obéir et trouva ce dernier excessivement agité et se promenant à pas précipités dans la chambre ; dès que Charles aperçut l'archevêque ;

« Tenez, Messire, lui dit-il, lisez ces papiers. Mon amé et féal Robert de Vaudricourt me mande qu'une jeune fille, née à Domremy, de parents pauvres, et portant le nom de Jeanne du fait de son baptême et celui d'Arc du droit de sa famille, est venue le trouver; qu'il a dû céder à ses prières, et que ne voulant pas prendre sur lui de refuser le secours qu'elle offre de nous prêter, il me l'envoie. La jeune pucelle est ici près, à Fierbois, en l'église de madame sainte Catherine; elle me mande par un héraut qu'elle n'attend plus que mes ordres pour paraître en ma présence, et qu'elle saura bien par ses paroles et ses actions me prouver la vérité de sa mission. »

« Eh! Sire, répondit l'archevêque, ce sera temps perdu, cette enfant n'est pas saine en sa raison ; si nous la croyons, nous n'en serons pas moins vaincus, et les Anglais se riront de nous! Qui sait, d'ailleurs, si ce ne sont pas les Anglais eux-mêmes qui l'envoient ici pour examiner l'état de nos forces et pénétrer nos intentions? »

— « C'est bien, Messire; que notre conseil s'assemble demain en la salle ordinaire de ses délibérations, nous lui soumettrons cette affaire et suivrons aveuglément sa décision. »

— « Sans nul doute, Sire, ce parti est le meilleur! »

Le lendemain matin, l'archevêque de Reims entra le premier dans la salle du conseil, où il fut joint par les seigneurs de Pressigny, d'Avaugour, de Chissay, Guy de Laval, etc. Le roi lui-même ne tarda pas à paraître, et s'étant placé devant un siége élevé sur une petite estrade et recouvert d'un dais où se voyaient brodées les armes de France, il dit : « Chers et bien aimés Sujets, nous vous avons réunis ici pour vous communiquer les pièces que nous venons de recevoir de la part de messire de Vaudricourt, notre lieutenant à Vaucouleurs. Après en avoir pris connaissance, vous voudrez bien nous aider de vos lumières, qui en maintes circonstances nous ont été si utiles! Messire de Pressigny, veuillez donner lecture de ces papiers. »

Le sire de Pressigny ayant obéi, le roi reprit :
« Messeigneurs vous avez entendu, décidez! »
Puis il s'assit.

Renaud de Chartres se leva et dit :

« Sire roi, vous savez combien de tout temps moi et les miens nous sommes toujours montrés braves, fidèles et loyaux serviteurs de Votre Majesté; j'ose donc espérer que les paroles que je vais prononcer, inspirées par ma conscience, pénétreront dans votre cœur, et que vous saurez apprécier les motifs qui me font agir et qui n'ont d'autre but, Sire, que votre gloire et le bien de mon pays ! »

Après ce préambule, l'archevêque ajouta :

« Considérez, Sire, les raisons que déjà je vous ai données hier, et pesez en outre dans votre esprit le but des institutions de la France. Appréciant au juste le caractère des femmes et la faiblesse de leur tempérament, ne décident-elles pas que jamais les personnes de ce sexe ne pourront posséder de fief, par cette raison qu'elles sont hors d'état de défendre leurs vassaux. Étendant plus loin ce principe, ne déclarent-elles pas que jamais femme ne gouvernera la France étant hors d'état de commander à des hommes?

« Et dites-moi, dès lors, Sire, ne serait-ce pas mentir à ce principe que de montrer vous-même, gardien des lois, l'exemple de la désobéissance, et donner un démenti aux termes et à l'esprit de ces institutions, que de mettre à la tête d'une armée de chevaliers, fiers et courageux, une femme ! une femme qui sans contredit ne saurait procurer la victoire, mais qui, si elle était victorieuse, loin de vous servir ne ferait que dépouiller Votre Majesté[1] de ses droits au trône de France; car j'entends déjà madame Catherine, votre sœur, réclamer en qualité d'aînée ses droits à ce trône et vous dire : Retire-toi, une femme peut aussi bien que toi et commander et vaincre !

« Combien donc, Sire, le secours de cette vilaine ne vous sera-t-il pas plus pernicieux qu'utile[2] ! »

« Oh! mon Dieu, Messire, reprit aussitôt le roi, que m'importe? si je dois voir les lys qui ornent mon front se flétrir et tomber, la main qui les relèvera pour les faire fleurir de nouveau, oh! cette main-là, Messire, sera bénie et mon sceptre est à elle ! »

Les autres seigneurs présents prirent la parole l'un après l'autre, et tous furent d'avis qu'on devait au moins voir Jeanne et l'entendre, qu'il

---

[1] L'usage de donner au roi le titre de Majesté ne s'est établi régulièrement que sous Louis XI. Il n'était pas néanmoins sans exemple de le voir donner au roi, par courtoisie, avant cette époque.
[2] Fontanieu, MS. de la Bibliothèque du roi.

serait toujours temps de la renvoyer si ses réponses ne paraissaient pas satisfaisantes.

« Il suffit, Messieurs, dit alors le roi en se levant, je vous remercie de vos bons avis, et ainsi ferai-je ! »

CHAPITRE III.

Arrivée de Jeanne-d'Arc à Chinon; elle y est examinée. — Son départ. — Elle revient à Chinon. — Sa mort. — La Trémouille est fait prisonnier. — Isabeau de Lorraine. — Agnès Sorel; son enfance.

Effectivement, le 24 février, c'est-à-dire trois jours après ces événements, au moment où la nuit venait de répandre ses ombres sur le pays d'alentour, un grand bruit retentit dans la cour du château, et bientôt après la grande salle de Chinon s'emplit de chevaliers et de courtisans, tous richement vêtus; au milieu d'eux la pucelle Jeanne marchait d'un pas où l'assurance de l'inspirée se mêlait à la modestie de la vierge. Le roi entra aussitôt accompagné de quelques seigneurs, dont l'un était beaucoup plus magnifiquement habillé que les autres : c'était le seigneur de Chissay. Pour Charles VII, ayant déposé tous les insignes de la dignité royale, il parut couvert d'un simple manteau de couleur foncée.

Et néanmoins, Jeanne d'Arc ne l'eut pas plus tôt aperçu que s'avançant vers lui, elle s'inclina avec respect.

« Vous vous trompez, mon enfant; je ne suis pas celui que vous croyez. Retournez-vous, continua-t-il, en lui montrant du doigt le seigneur de Chissay, voici le roi ! »

— « Mon Dieu, gentil dauphin [1], c'est vous et non autre. Je suis envoyée de la part de Dieu pour prêter secours à vous et à votre royaume ; et vous mande le roi des cieux, par moi, que vous serez sacré et couronné en la ville de Reims, et serez lieutenant du roi des cieux, qui est roi de France ! Et d'ailleurs, si doutez de mes paroles, je puis

[1] Il est bon d'observer que, jusqu'au moment de son sacre, la Pucelle affecta de saluer toujours Charles VII du simple titre de dauphin.

vous raconter telles choses que vous seul savez, gentil dauphin, et que mes *voix* m'ont révélées ! »

— « Et quels sont donc ces secrets ? »

— « Venez çà, et je vous les dirai. »

Entraînant alors le roi dans l'embrasure d'une fenêtre, elle fit un signe aux gentilshommes qui se retirèrent.

« Allez, monsieur de Longueville, dit le roi, et restez de manière à nous voir sans nous entendre. »

Le bâtard d'Orléans obéit, et Jeanne reprenant la parole :

— « Vous rappelez-vous, gentil dauphin, dit-elle, que le mois dernier, une nuit où vous cherchiez en vain le sommeil....»

— « Eh bien ?....»

— « Inquiet, agité, vous êtes issu de votre lit.....»

— « En effet.... Poursuivez.....»

— « Adonc, vous êtes issu de votre lit, et puis, tombant à genoux devant l'image de notre Seigneur Dieu, vous lui dites : Adonc, Seigneur mon Dieu, est-ce qu'à cause de la conduite de ma mère Isabeau, je ne serais pas, ainsi que l'ai toujours cru, l'héritier légitime du trône ? Si ainsi soit, inpirez-moi, Seigneur : auquel cas suis-je décidé de rendre la couronne à qui elle appartient, et quitter le pouvoir. Ne dites-vous pas ces paroles, gentil dauphin ?

— « Pardieu, tu dis vrai, gentille Jeanne, il suffit : aussi bien, quant à moi, jà suis-je convaincu de la vérité de ta mission. » Puis faisant un signe aux chevaliers, aux courtisans et jusques au peuple qui avait envahi la salle :

« Sur le salut de mon âme, cette pucelle est inspirée de Dieu, et elle m'a confié telles choses, messeigneurs, que moi seul puis connaître. »

Cependant l'affirmation du roi ne paraissant pas suffisante dans une circonstance aussi délicate, on décida, avec le consentement de Charles, que Jeanne serait examinée et interrogée par plusieurs prélats qui se trouvaient alors à Chinon, et qui durent se réunir le lendemain, en présence du duc d'Alençon, et sous la présidence de Renaud de Chartres, archevêque de Reims.

Jeanne comparut en effet, et répondit avec une sagesse surprenante aux questions insidieuses qui lui furent faites par ses examinateurs.

« Mais, lui dit l'un d'eux, si Dieu tout-puissant veut délivrer la France, il n'est pas besoin de gens d'armes. »

— « Les gens d'armes batailleront, répondit Jeanne, et Dieu donnera la victoire. »

Elle sut enfin si bien éviter tous les piéges, et déploya tant de vertu et d'éloquence, que Guy de Laval, qui assistait à cet interrogatoire, écrivait à madame de Guitré, son aïeule : « Et semble chose toute divine de son faict de la voir et de l'ouïr. »

Néanmoins, voulant donner encore plus de solennité, et un plus grand caractère d'authenticité à ce fait, Charles, non content de cette première épreuve, décida que la pucelle serait examinée de nouveau à Poitiers, et résolut de l'y accompagner en personne. Il quitta donc, avec toute la cour, le château de Chinon, le 28 février, et arriva à Poitiers le 3 mars [1]. Elle y fut interrogée, et ses réponses s'étant toujours trouvées également satisfaisantes, Jeanne revint à Chinon, où elle fit

---

[1] Pendant que le château de Chinon était vide d'habitants, Étienne Chevalier, qui ne suivit pas le roi, éprouva de la part du gouverneur quelques difficultés qu'il raconte fort au long ; mais nous omettrons ce récit, dont le détail est également inutile et peu intéressant.

sa seconde entrée, le 13 mars. Elle y demeura jusqu'au lundi de Pâques, 5 avril.

Ce jour-là étant venu, Charles VII rassembla tous ses courtisans et leur dit :

« J'ai décidé, messires, de donner à Jeanne un *état*. Vous, chevalier d'Aulou, serez son écuyer et le chef de sa maison ; pour vous, mes beaux damoiseaux, Raymond et Loys de Contes, l'accompagnerez en qualité de pages ; Ambleville, et vous, Guyenne, obéissez-lui comme hérauts ! »

— « Eh ! gentil dauphin, reprit alors la Pucelle, ne m'accorderez-vous aussi un chapelain ? »

— « Certes, ma belle enfant, ainsi ferai-je. Voyons, messires, lequel de vous veut suivre notre bien aimée Jeanne ! »

— « Ce sera moi, sire roi, si ainsi le permettez ! » répondit, en s'inclinant, frère Jean Pasquerel, lecteur du couvent des Augustins de Tours.

— « Ainsi soit-il, frère Pasquerel, dit le roi ; suivez Jeanne, et ne la quittez. »

On se réunit bientôt dans la cour du château. Ce fut un beau spectacle que ces six mille hommes, la fleur de la noblesse et de la chevalerie, tous armés de pied en cap, et l'épée à la main.

Au milieu d'eux, Jehan de Poulengy portait l'enseigne, dessinée par Jeanne elle-même. Cet étendard était de Boucassin et frangé en soie : sur un champ blanc, semé de fleurs de lys, était figuré le Sauveur des hommes, assis sur les nuées, et tenant un globe dans sa main ; à droite et à gauche, deux anges en adoration, l'un tenant une fleur de lys, l'autre indiquant les mots *Jhesu, Maria*.

« Jeanne, mon enfant, lui dit alors le roi, es-tu contente? Te voilà convenablement accompagnée. Pour les armes, ajouta-t-il, voici l'épée que tu as fait demander ; on l'a effectivement trouvée sous l'autel de madame sainte Catherine à Fierbois. Maintenant, qu'on amène un coursier, et puis tu partiras. »

Un écuyer s'avança aussitôt, tenant par la bride un cheval qu'on avait à dessein, et par malice, choisi très-jeune et très-vif; mais sautant avec grâce et agilité sur le dos de l'animal, la Pucelle le mena et caracola avec aisance et facilité. Puis levant la main dans la direction d'Orléans :

« Partons, messeigneurs, dit-elle, et dans peu nous reviendrons en ce noble chastel, apporter au dauphin, notre maître, la nouvelle de la délivrance de sa bonne ville d'Orléans, puis le conduirons à Reims, où il sera sacré au nom du Roi des cieux !»

Tout le monde s'éloigna, et la cour, jadis retentissante du bruit des chevaliers prêts au combat, demeura silencieuse et calme pendant plusieurs jours.

Mais à l'agitation et à l'inquiétude du roi sur le succès des armes de Jeanne devant Orléans, vint bientôt se joindre une douleur plus vive au cœur d'un père. Louis dauphin, son fils, tomba malade, et plein d'anxiété, au dire d'Etienne Chevalier, le roi chargea le moine Hermental, moyennant une somme de soixante livres tournois, de se rendre en pèlerinage à Sainte-Madeleine de la Baume et d'y prier la patronne du lieu de vouloir bien solliciter de Dieu la guérison de son fils. Il paraît du reste que cette indisposition n'eut pas de suites, car l'histoire garde, à ce sujet, le plus profond silence.

Comme chacun sait, le siége d'Orléans fut levé le 12 mai 1429. Mais, blessée à l'attaque de la ville[1], Jeanne d'Arc s'en retourna peu après à Chinon. Aussitôt que le roi apprit qu'elle venait

[1] MS. de Fontanieu.

d'entrer dans la cour (2 juin), il descendit l'escalier et alla lui offrir la main pour descendre de cheval; puis, prenant sa blessure pour prétexte, il la pria de s'appuyer sur son bras et de venir se reposer. Quelques jours après, la Pucelle engagea vivement le roi à faire ses préparatifs de départ pour Reims. Mais comme ce projet était hasardeux au plus haut point, qu'il fallait passer au travers des ennemis, et malgré le talent qu'elle venait de déployer au siége d'Orléans, le roi ne la croyant pas encore aussi habile capitaine que Xénophon, répondit qu'il y réfléchirait; puis, il se retira incontinent dans son cabinet, où il fit appeler son confesseur, l'évêque de Castres, pour en conférer avec lui.

Mais Jeanne d'Arc ayant appris ce qui se passait, monta sans faire de bruit à l'appartement du roi, frappa à la porte, et l'ayant ouverte sans attendre de réponse, se présenta soudain aux yeux étonnés de Charles.

— « Noble dauphin, dit-elle, ne tenez plus de si longs conseils, mais préparez-vous pour vous acheminer vers Reims recevoir une digne couronne, symbole et marque de la réunion de votre

État et de tous vos sujets à votre obéissance ! »

« Or, dit Étienne Chevalier, le roy en luy-mesme pensoit qu'il ne desplairoit point à ladite Jeanne qu'on lui demandast ce que la voix lui disoit ; de quoy elle s'apperceut aucunement, et dit : En nom Dieu, ie sçay bien ce que vous pensez et voulez dire de la voix que j'ay ouye touchant vostre sacre, et ie le vous diray. Ie me suis mise en oraison en ma manière accoustumée ; je me complaignais pour ce qu'on ne me voulait point croire de ce que je disois ; et lors la voix me dit : Fille, va, va, je seray à ton ayde, va. Et quand cette voix me vient, ie suis tant resjouye que merveilles. » Et en disant lesdites paroles, elle levait les yeux au ciel en montrant signe d'une grande exaltation.

Quand le roi la vit si fermement décidée, croyant apercevoir briller dans ses regards un feu divin, il ne balança plus et se résolut à suivre en tout les conseils de la libératrice d'Orléans ; il ordonna les préparatifs de départ, confiant son sort et celui de la France à l'épée de Jeanne, mettant son peuple et lui à l'abri sous le bouclier d'une femme.

La cour quitta effectivement Chinon, et le roi

se rendit à Gien, puis à Troyes, de là à Châlons, enfin à Reims, où il fut sacré le 17 juillet. Abandonnant ensuite cette ville, il se dirigea sur Compiègne, qui fit soumission, puis vers Paris.

Le duc de Bedford faisait vers cette époque le siége de Torcy [1]. L'an 1430 eut lieu à Paris, en faveur du roi, une conspiration qui échoua; mais cette année fut surtout tristement célèbre par le siége de Compiègne, où la Pucelle fut *prinse* le 23 mai. Chinon fut encore assez longtemps désert, car en 1431 le roi se rendit à Lagny, qu'assiégeait le duc de Bedford.

Les Anglais venaient de s'emparer de Montargis. Cette même année la Pucelle expira sur un bûcher à Rouen, victime de la fureur des ennemis de la France et, il faut bien le dire, de l'indifférence du pays qu'elle avait sauvé!

Au mois de juin suivant, le roi se trouvait à Chinon, lorsqu'eut lieu un événement assez impor-

---

[1] Il est assez extraordinaire qu'aucun des historiens de Charles VII ne fasse mention de ce siége. Nous avons cependant sous les yeux une lettre adressée par le régent au vicomte d'Arques, dans laquelle il lui demande des pionniers pour le siége de Torcy. (Fontanieu, Collection de manusc. Bibl. roy.)

tant, qui se passa sous les yeux même du prince. La Trémouille, qui était en grande faveur auprès de Charles VII, résidait à Chinon avec son maître, lorsque arriva la nouvelle de la perte de Montargis. Dès lors, la haine des ennemis de La Trémouille se réveilla, et saisissant avec empressement l'occasion favorable qui leur était offerte de renverser le favori, ils résolurent de porter un dernier coup à son pouvoir et à son influence. Nous allons laisser parler Étienne Chevalier, qui nous instruit en quelques lignes du résultat de ce complot.

« La perte dudit Montargis fut cause de bouter ledict sire de La Trémoille, dehors du gouvernement du roïaume.

« Le roy estant au chastel de Chinon et ledict sire de La Trémoille couchié en son lit; si, entrèrent par derrière le chastel dudict Chinon par vne poterne à celle heure que leur ouvrit Olivier Fetart dudict Chinon, lieutenant du capitaine le sire de Gaucourt : et entrèrent dedens le sire de Bueil, le sire de Coëtivy et plusieurs aultres accompagnez de huict vingt à deux cents hommes : et ainsi entrèrent dedens le chastel dudict Chinon.

« Ledict sire de La Trimoille estoit en sa chambre

et y eust un desdicts gens-d'armes qui lui donna un coup d'espée parmy le ventre.

« Ainsi fut prins par ledict sire de Beuil, nepveu de sa femme, et fut mené en vn sien chastel, nommé Montrésor.

« Le roi fut fort effrayé et troublé quant il ouyt le bruit, et la royne le rappaisa, et demoura en patience ; et dès ce temps entra en gouvernement, monseigneur Charles d'Anjou.

« Ledict sire de La Trimoille paya six mille escus au sire de Bueil, son nepveu, et fist délivrer le vicomte de Thouars, qu'il tenoit prisonnier à Chastillon-sur-Indre. »

L'hiver fut très-froid cette année, et Charles était de nouveau retombé dans le découragement et la mollesse, lorsque la fortune, qui lui avait envoyé une femme pour le sauver, en jeta une seconde sur sa route pour l'aimer et l'encourager.

On était au mois de novembre, et le roi travaillait alors dans son cabinet avec Charles d'Anjou, lorsqu'il reçut des lettres qui lui apprenaient que la duchesse de Bar, Isabeau de Lorraine, venait le visiter et qu'elle s'était arrêtée à quelque distance de Chinon, n'attendant plus que le bon plaisir du roi.

Celui-ci donna aussitôt des ordres pour qu'une brillante cavalcade s'organisât et allât, nonobstant la rigueur de la saison, au devant de la duchesse ; mais il dut renoncer à ce projet, car à peine les chevaliers étaient-ils en selle, prêts à partir, qu'Olivier Fetart vint annoncer qu'un héraut demandait à être introduit.

« Qu'il vienne, dit le roi. »

— « Sire roi, ma noble et bien-aimée maîtresse, très-haute et puissante dame Isabelle de Lorraine, épouse de mon très-cher et redouté seigneur, le duc de Bar, cédant à l'impatience qu'elle éprouvait de saluer Votre Majesté, est venue d'elle-même à Chinon, accompagnée seulement de ses chevaliers et de quelques-unes de ses dames et damoiselles ; elle est à la porte du château, attendant les ordres de Votre Majesté. »

Le roi, suivi de tous ses seigneurs, se rendit aussitôt au pont-levis, puis il offrit la main à Isabelle pour descendre de cheval.

« Pardon, Sire, si je suis venue si inopinément et presque sans être attendue ; j'avais un si vif désir de vous voir, vous et ma bonne Marie! Mais où donc est la reine, Sire, je ne la vois pas? »

— « Me voici, chère Isabeau, j'apprends à l'instant seulement votre arrivée. »

Et elles se précipitèrent dans les bras l'une de l'autre.

« Oh! combien, Madame et cousine, vous avez dû souffrir pendant votre voyage. »

— « *Pour vray dire, Syre, point ne l'ai-ie senti, plus ai-je souffert du costé du cueur que du costé des mains*[1] *!* Mais permettez, Sire, que je vous présente ces chevaliers, écuyers, dames et damoiselles qui m'ont suivi jusqu'ici et servi loyalement. »

Toute la société d'Isabeau s'inclina aussitôt, et Charles VII voulant leur rendre leur salut, aperçut une jeune fille qu'il n'avait point entrevue jusques-là, et il *demoura si attéré de sa moult grande beaulté que plus ne pouvoit parler aucunement.*

Elle était fille du seigneur de Coudun, s'appelait Agnès, et était une des demoiselles qui accompagnaient d'ordinaire la duchesse de Bar.

[1] Étienne Chevalier.

Quelques instants après, toute la cour se trouvait assemblée dans la grande salle des repas où un magnifique souper et *grand'chière* furent offerts à Isabeau.

Étienne Chevalier eut l'honneur de s'asseoir à la table du roi, et il ne manque pas, en racontant ce fait, de faire remarquer que, soit intention, soit hasard, il fut placé auprès d'Agnès Sorel.

Le festin achevé, l'on se rendit dans le salon, et *après que ladicte duchesse eust faicte la réuérence au roy dancèrent longuement.* On apporta ensuite le vin et les épices, et le roi fut servi par monseigneur de Clermont et Charles d'Anjou, puis chacun se retira pour se livrer au sommeil. Mais, hélas! le roi ne put goûter ce repos; son cœur était agité de brillantes illusions, et tout ému encore par la beauté de la jeune demoiselle, suivante d'Isabeau ; il rêvait éveillé, et ne croyait pas, au témoignage de notre auteur, que *le sommeil lui pust apporter plus doulx songes.*

Mais il convient de laisser Charles VII à ses pensées, et de profiter de cette nuit où rien de remarquable ne se passa à Chinon, pour entrer dans quelques détails sur les événements relatifs à

Agnès, et qui précédèrent son arrivée à la cour de France.

Agnès Sorel, cette femme qui devait influer si puissamment sur les destinées de la France, naquit le 13 juillet 1409, au village de Fromenteau, en Touraine; elle était, ainsi que nous l'avons dit plus haut, fille de Jean Seurel, ou Sorel, seigneur de Coudun et de Saint-Gérand, conseiller du comte de Clermont, et de Catherine de Maignelais, châtelaine de Verneuil, issue de Jean Tristan, seigneur de Maignelais, et de Marie de Jouy. Cette famille portait *d'or au sureau de sinople*; armes parlantes, sureau ou soreau se disant également à cette époque pour désigner la plante.

Agnès ayant eu le malheur de perdre ses parents dans sa plus tendre jeunesse [1], madame de Maignelais, sa tante, la prit auprès d'elle, et partagea ses soins, avec une égale tendresse, entre sa

---

[1] M*** Lafosse, dans son roman intitulé *Agnès Sorel*, accorde généreusement au père d'Agnès une vingtaine d'années de plus qu'il n'a réellement vécu. De semblables erreurs, intentionnelles ou non, ne font qu'augmenter l'intérêt d'un ouvrage où l'imagination a obtenu la plus large part; mais on doit se garder de les admettre dans tout travail qui a pour objet unique l'examen impartial de l'histoire.

propre fille, Antoinette, et notre pauvre orpheline. Peu à peu l'on vit se développer en elle une grande beauté d'esprit et de corps. Elle aimait passionnément la lecture, et cette occupation remplissait tous les moments de loisir que lui laissait l'étude.

La tante d'Agnès avait conçu pour elle une douce affection, et l'aimait presque à l'égal de sa propre fille; confondant en son cœur l'enfant que le ciel lui avait donnée, et celle que sa sœur lui avait recommandée et léguée au lit de mort, ses soins étaient les mêmes pour toutes deux. Les jeunes cousines prenaient leurs leçons et leurs récréations en commun. Mais, hélas! combien le caractère d'Agnès et celui d'Antoinette différaient l'un de l'autre! Sensible, éprouvant le besoin d'aimer, la première sentit son âme s'ouvrir à l'affection et s'y abandonna sans résistance. La tendresse lui était naturelle; sensible par caractère, elle aimait comme le ruisseau coule, comme le soleil brille; elle était née pour l'amour, devait triompher par l'amour, et mourir victime de l'amour.

Antoinette, au contraire, jalouse de la beauté de sa cousine, de l'éminente supériorité de son esprit et de son cœur, envieuse de l'attachement que sa mère témoignait à notre orpheline, ne ressentit d'abord pour elle que de l'indifférence : à l'indifférence on vit bientôt succéder un sentiment d'aversion bien marqué ; et tandis qu'Agnès cherchait partout et toujours sa compagne, Antoinette, agitée de sentiments moins nobles et moins purs, semblait prendre à tâche de la fuir sans cesse.

Ce fut là un des premiers et des plus cuisants chagrins d'Agnès. Combien la pauvre enfant ne dut-elle pas souffrir de ce sentiment si éloigné de son âme, et qu'à peine elle pouvait comprendre ! elle eût tout sacrifié pour obtenir de sa cousine ce retour d'affection si nécessaire au cœur d'une jeune fille. Si elle courait au jardin, soudain Antoinette montait à sa chambre ; Agnès lui proposait-elle une promenade, Antoinette se rappelait aussitôt d'avoir oublié d'étudier sa leçon, et l'orpheline alors errait seule, triste et mélancolique, sous les ombrages du parc.

Sans doute madame de Maignelais l'aimait beaucoup ; mais il ne suffit pas à la jeunesse d'une confiance respectueuse, elle ressent encore le besoin d'une confiance intime. Il est de ces choses qu'on avouera volontiers à une compagne, et qu'on voilera aux regards d'une tante ; il est de ces souffrances d'enfant qu'un enfant seul apprécie, de ces pensées vagues et romanesques qu'un esprit jeune peut seul partager!

Aussi Agnès souffrait-elle beaucoup ; elle souffrait, mais ne se plaignait pas. Cependant madame de Maignelais s'aperçut de la mélancolie qui venait obscurcir l'aurore d'une si belle vie ; elle surprit dans les yeux de sa nièce des larmes prêtes à s'en échapper!

« Mon enfant, lui dit-elle un jour, vous venez d'atteindre votre quinzième année ; le séjour d'un vieux château, habité par une vieille femme, est un sort bien triste à votre âge. Croyez-moi, quittez-le. Je viens d'obtenir pour vous, de madame Isabeau de Lorraine, qu'elle vous garderait auprès de sa personne ; partez, et que le ciel vous accompagne! »

— « Hélas! ma tante, pourquoi m'éloignez-vous de vous? »

— « Pour votre bonheur, ma chère Agnès! »

Agnès alla aussitôt trouver sa cousine, et, se jetant dans ses bras :

« Antoinette, Antoinette, lui dit-elle, ma tante veut me renvoyer; elle veut que je parte pour aller à la cour de madame de Lorraine; mais qu'y ferai-je, grand Dieu! Viens, je t'en prie, oh! viens la prier de ne pas m'éloigner de toi! »

— « Et pourquoi lui demanderais-je cela, répondit Antoinette en se dégageant des bras de sa cousine; je suis persuadée que ma mère ne veut que ton bonheur, et je m'y opposerais! Non, tu ne le penses pas, ajouta-t-elle avec un amer sourire; tu brilleras mieux à la cour qu'ici, où ta beauté n'est comprise que de quelques voisins septuagénaires. Tiens, à ta place, Agnès, je partirais! »

— « Loin de toi? »

— « Qu'importe! »

— « Tu me chasses, toi aussi. Oh! c'est mal, bien mal! »

Et la pauvre enfant, cachant sa tête dans ses mains, pleura amèrement.

Trois jours après elle quitta le château de Maignelais, où s'était écoulée son enfance, et, conduite par sa tante, elle arriva à Nancy. Isabeau la reçut avec toutes les marques du plus vif intérêt.

Quand elle se vit entourée de la foule des chevaliers et des courtisans, qu'elle entendit le bruit des fêtes et des jeux, la pauvre orpheline n'apercevant plus auprès d'elle sa tante ni sa cousine, se trouva seule ! Elle n'avait que quinze ans, et dans le vide qu'elle éprouvait, elle pensait avoir déjà trop vécu.

Cependant la beauté d'Agnès produisit une profonde sensation à la cour de Lorraine ; les seigneurs qui la composaient s'empressèrent à l'envi de venir déposer à ses pieds le tribut de leurs hommages et de leur admiration. Quelques-uns parlèrent de mariage ; mais, dans l'amertume de son cœur, elle les rejeta tous ; ni le beau damoiseau d'Hadonvillers, ni le brave de Givrecourt ne parvinrent à faire la moindre impression sur son cœur. Le comte de Clermont, lui aussi, essaya, dit-on, de séduire Agnès, mais en vain ; sa fortune la réservait à de plus grandes amours. D'un autre côté, Isabeau elle-même avait fini par s'attacher à notre héroïne, qui devint dans la suite sa confidente et presque son amie.

On en était là, lorsque la nouvelle arriva de la prise de René d'Anjou, duc de Bar, époux d'Isabeau de Lorraine, fait prisonnier au siége de Bullégneville. Aussitôt que cet événement parvint à ses oreilles, la duchesse prit un parti décisif, que lui commandait la nécessité. Elle résolut de se rendre à la cour de son beau-frère Charles VII, et d'aller le solliciter, pour qu'il voulût bien interposer sa médiation dans le but d'obtenir la délivrance de René. Elle ordonna à Agnès de la suivre, partit pour Chinon, accompagnée de ses chevaliers et de quelques dames, le 10 octobre 1431, et arriva, comme nous venons de le voir, le mois suivant auprès de Charles VII. Il est temps de reprendre maintenant le cours de cette histoire où nous l'avons laissée.

Poursuivi de doux rêves et de riantes pensées, le roi ne pouvait trouver le repos ; les formes sveltes et gracieuses d'Agnès flottaient devant ses yeux, paraissant et disparaissant tour à tour, semblables à la légère vapeur blanche que le vent pousse en tous sens, et qui jamais ne s'arrête. Son âme était plongée dans une muette extase, et quelque beaux que fussent d'ailleurs ses rêves, comme ils n'approchaient pas de la réalité, il tardait à Charles que le soleil reparût sur l'horizon, afin qu'il pût revoir encore ces traits charmants dont le souvenir peuplait sa pensée de doux songes et son cœur d'émotions aussi vives que tendres !

Le lendemain, Charles revit Agnès, et ses yeux ne pouvaient se détacher d'elle ; son cœur battait avec force, l'admiration avait produit l'amour !

Cependant Isabeau ayant réclamé de lui une audience secrète, il passa avec elle dans son cabinet, et *lors lui avoua la duchesse bien humblement qu'elle estoit venue en le dict chastel de Chinon, pour solliciter le roy de demander la délivrance de son seigneur et maistre, René d'Anjou, duc de Bar, son époux, faict prisonnier à l'affaire de Bullégnevil* [1].

Le roi, dit Étienne Chevalier, ne voulut pas répondre incontinent, ni rien promettre de positif, parce qu'il pensait avec raison, qu'ayant une fois obtenu ce qu'elle demandait, la duchesse de Bar ne tarderait pas à reprendre le chemin de la Lorraine, emmenant avec elle sa demoiselle d'honneur, et pour cette cause, il préférait que cette princesse séjournât à Chinon le plus longtemps possible.

[1] Étienne Chevalier.

Il donna donc une réponse évasive, et promit seulement de s'occuper de cette affaire avec ses ministres, priant madame sa belle-sœur de vouloir bien, en attendant, demeurer auprès de lui. Isabeau y consentit volontiers, et les jours suivants se passèrent en fêtes de toute espèce.

Mais, hélas! ces jours de joie et de plaisirs s'écoulèrent sans compter plus d'heures que les jours de la tristesse et de l'amertume!

CHAPITRE IV.

Agnès Sorel tombe malade. — Départ d'Isabeau de Lorraine. — Le dauphin. — Motif de sa haine pour Agnès Sorel. — L'astrologue. — Étienne Chevalier chargé par le roi de veiller sur Agnès Sorel.

Sur ces entrefaites arrivèrent à Chinon deux ambassadeurs, les seigneurs de Joinville et de Villenoul, proposer à Charles VII, de la part du duc de Bourgogne, leur maître, de renouveler la trève signée l'année précédente à Auxerre, et que le duc avait rompue.

D'un autre côté, la duchesse de Lorraine se montrait impatiente d'obtenir de son hôte royal une décision touchant l'affaire, but de son voyage à Chinon. Vivement sollicité et pressé par elle, le roi, après avoir refusé sous divers prétextes une réponse positive, se vit enfin contraint de la donner, et promit à Isabeau de faire tout ce qui dépendrait de lui pour lui rendre l'objet de son amour, René d'Anjou.

Il eût bien désiré, en retour de cette promesse, solliciter de sa parente le don d'Agnès; mais sous quel prétexte? Charles savait aimer, mais il ignorait qu'il y eût de la grandeur à déshonorer une femme; indécis, il balançait et ne savait que dire; semblable à l'enfant qui, sur le point de saisir un oiseau qu'il vient d'apercevoir, le voit lui échapper au même moment, il jetait sur Agnès un regard de douleur, d'amour et de regret, lorsqu'involontairement Marie d'Anjou elle-même vint à son secours.

Cette princesse n'avait pu s'empêcher de céder à l'ascendant irrésistible que notre belle héroïne exerçait sur tous ceux qui la connaissaient. Les saillies vives, spirituelles et animées, les réponses promptes, l'air enjoué, le feu des paroles d'Agnès, tout en elle entraînait. On goûtait en silence le bonheur de se trouver avec elle, de lui parler, de l'entendre, et on ne s'apercevait de l'empire qu'elle venait de prendre, que lorsqu'il était trop tard pour s'en dédire. Ainsi le voyageur, séduit par l'aspect riant des lieux qu'il parcourt, ne sent la fatigue qu'au moment où la nuit lui ravit la vue des sites qui le captivaient.

Telle fut la sympathie qu'Agnès inspira à la reine, qui dès lors éprouva le plus vif désir de garder cette jeune fille auprès d'elle.

Elle saisit donc l'instant où, après avoir reçu du roi l'assurance qu'il s'occuperait de la mise en liberté de son époux, Isabeau de Lorraine venait confier sa joie et ses espérances à Marie, pour lui demander en retour de cette grâce de vouloir bien lui céder Agnès, qui occuperait auprès de sa personne le même rang qu'elle tenait à la cour de Lorraine.

Isabeau fut vivement affligée de cette proposition; elle crut cependant, autant par prudence que par reconnaissance, ne devoir rien refuser et répondit, que quant à elle, elle y consentirait volontiers, persuadée qu'elle était d'avance que sa protégée ne pouvait manquer d'être bien traitée à la cour de Marie d'Anjou, mais que néanmoins si Agnès Sorel refusait de l'abandonner, elle ne se sentait pas le courage de blesser son attachement, et qu'en ce cas, elle suppliait la reine de France de vouloir bien renoncer à son projet et lui laisser sa damoiselle.

On convint en conséquence d'interroger Agnès, et comme la duchesse de Lorraine devait, à la prière du roi, passer quelques jours encore à Chinon, la demoiselle de Fromenteau aurait alors tout le temps de réfléchir et de se décider.

Oh! combien, en apprenant cette nouvelle, Damoiselle Agnès se sentit émue! Combien son cœur battit, et que d'émotions vinrent agiter son âme! C'était mal à elle, pensait-elle, d'abandonner ainsi tout d'un coup sa généreuse protectrice, celle qui l'avait reçue, accueillie à sa cour, celle qui l'avait dirigée et aidée de ses conseils, qui s'était toujours montrée pour elle, moins une souveraine qu'une amie. Oh! c'était mal, bien mal! Mais, d'un autre côté, Charles avait regardé Agnès, et combien le regard de Charles était éloquent! Ses yeux avaient tout dit, Agnès avait tout compris.

Agnès aimait-elle le roi? Nous ne pourrions guères savoir ce qu'elle-même assura plus tard qu'elle ignorait alors. Quoi qu'il en soit, Agnès balançait ; pressée néanmoins de parler, elle répondit :

« Oh! ma bonne et bien aimée protectrice, pourquoi me séparer de vous? me suis-je jamais montrée ingrate? Quand mon cœur a-t-il cessé de vous bénir, et mes lèvres de prier pour vous? Je suis persuadée qu'un grand bonheur m'attend auprès de Votre Majesté, ajouta-t-elle en se tournant vers Marie d'Anjou, mais êtes-vous sûre, Madame, de pouvoir m'en donner un assez grand pour me faire oublier celui dont j'ai joui auprès de ma bonne maîtresse depuis six ans que je vis à ses côtés. Je ne sais ce qui pourrait m'arriver ici ; de grâce, Madame, laissez-moi retourner en Lorraine emportant de vos bontés et de votre bienveillance pour votre humble servante le plus touchant souvenir ! »

Et ce disant, Agnès se jeta aux genoux de la reine qui la releva, en lui disant :

« Levez-vous, ma belle enfant, mon intention n'est point de vous causer le moindre déplaisir ; levez-vous et partez, mais veuillez accepter de moi cet anneau ; qu'il vous soit un gage de l'affection que vous a vouée Marie d'Anjou ! »

Puis la reine la baisa au front, et remarqua qu'elle était pâle et que ses yeux étaient remplis de pleurs.

« Consolez-vous, Mademoiselle, reprit-elle, j'en ai bon espoir, un jour nous nous reverrons. » Et elle lui tendit gracieusement la main.

Cependant le temps s'écoulait avec rapidité et la duchesse de Lorraine craignait, en différant encore son départ, que les neiges n'interceptassent les routes, et ne rendissent son retour impossible : elle se décida, en conséquence, à faire ses préparatifs et à prendre congé de ses hôtes, le roi et la reine de France. Isabeau fixa au 2 décembre le dernier jour de son séjour à Chinon, et fit part de sa résolution à Agnès, qui sembla l'approuver.

Néanmoins, le premier décembre, celle-ci tomba gravement malade. Que cette maladie ait été feinte ou réelle, nous ne prendrons pas sur nous de le décider. Étienne Chevalier affirme avec gravité qu'elle devait être fort souffrante ; car, dit-il, *des physiciens vindrent iceluy iour en grand nombre au chastel de Chinon*. Si on désire connaître notre opinion à ce sujet, comme nous devons la vérité à nos lecteurs, nous répondrons que sans contredit Agnès tomba malade, mais que vraisemblablement elle exagéra avec adresse la gravité du mal, pensant concilier, par ce moyen, ce qu'elle devait à Isabeau, et ce qu'elle désirait pour elle-même. La duchesse de Lorraine partit donc, et quitta Chinon, laissant au château sa jeune protégée, qui lui promit qu'aussitôt rétablie elle irait en toute hâte la rejoindre. Marie d'Anjou de son côté promit de veiller sur elle, et tout s'arrangea au gré des désirs d'Isabeau, de Marie d'Anjou, d'Agnès Sorel, et par-dessus tout de Charles VII.

Après la maladie, la convalescence; après la convalescence, le rétablissement. D'une voix craintive, Agnès parla de départ.

« Y pensez-vous, gentille Agnès, lui dit le roi; tenez, voyez, ajouta-t-il en l'entraînant vers l'embrasure d'une fenêtre, voyez ces toits blanchis par la neige, et ces peupliers semblables à de longs fantômes, pouvez-vous partir? Qui serait là pour vous garantir du froid? Puis-je quitter Chinon, ma cour pour vous accompagner, et veiller sur vous? Non, Agnès, vous ne partirez pas! une grande distance sépare Chinon de Nancy ; sur la route vous péririez de froid, de douleur ; et je ne serais pas là, et je ne pourrais vous sauver ! Oh ! non, dites, Agnès, dites-moi que vous ne partirez pas. »

Inquiète, troublée, la jeune fille ne savait que répondre : « Sire, vous êtes mon roi, mon seigneur et mon maître.... je vous obéirai. »

— « Oh ! je suis votre roi, mais non votre tyran ; si ma présence vous importune, allez, Agnès, je ne vous retiens plus ; il est une chose que vous ne sauriez me ravir, c'est le souvenir des jours que j'ai passés près de vous. »

Le roi venait de se jeter à ses pieds ; Pothon de Xaintrailles parut.

« Ciel ! » s'écria Agnès.

Et s'arrachant des bras de Charles, elle disparut.

Le soir, ayant revu Pothon, Agnès crut devoir effacer la mauvaise impression qu'avait dû laisser dans son esprit la scène dont il avait été témoin.

« Toute simple damoiselle que je suis, lui dit-elle, la conquête du roi ne sera pas facile : je le révère et l'honore, mais je ne crois pas que j'aie jamais rien à démêler avec la reine à ce sujet. »

Cependant la demoiselle de Fromenteau, bien résolue à conserver intact son honneur au milieu des dangers qui l'entouraient et des séductions qui semblaient devoir l'entraîner pas à pas, et presque imperceptiblement à sa perte, prit un parti courageux, ou que du moins elle estima tel, mais qui, dans la situation de son esprit, était tout au plus capable d'apaiser ses inquiétudes, impuissant à en détruire le germe !

Elle se détermina à fuir les lieux où elle savait devoir rencontrer le roi. Lorsqu'elle le retrouvait le soir, en public, un salut froid et cérémonieux, le sourire de la sujette et non celui de la maîtresse, était la seule marque de politesse qu'elle accordât à son souverain. Souvent elle s'approchait de la reine, et lui adressait d'un air distrait quelques paroles, auxquelles celle-ci répondait avec bonté. Si les pas de Charles se faisaient entendre, soudain Agnès fuyait, et courait s'enfermer dans sa chambre. Pauvre oiseau, qui, n'apercevant pas le trait du chasseur, pensait n'en pouvoir être atteint !

La beauté, la grâce, l'esprit d'Agnès firent sur les courtisans de Chinon la même impression qu'ils avaient produite sur les seigneurs de Lorraine ; c'était à qui l'entourerait d'hommages et de soins ; le dauphin lui-même, qui se trouvait en ce temps-là à la cour de Charles VII, ne put se défendre d'un sentiment de vive admiration pour la demoiselle d'honneur de Marie d'Anjou, sentiment qui se changea, comme nous le verrons plus tard, en une haine ardente, acharnée, insatiable. Les motifs de ce changement sont jusqu'ici demeurés un mystère pour nous ; les historiens du règne de Charles VII n'en parlent point. Étienne Chevalier, vivant encore du temps de Louis XI, n'osa pas sans doute tenter de les expliquer ; ce serait donc ici le lieu de chercher à soulever le voile qui couvre cette partie de l'histoire.

Qu'on nous permette de le faire en quelques lignes.

Louis était jeune, ardent ; Agnès, belle, spirituelle et gracieuse. Le dauphin s'enflamma pour Agnès, qui rejeta ses vœux, et resta sourde à ses prières. Dès lors, et comme cela s'est vu plus d'une fois, fermé à l'amour, le cœur de Louis s'ouvrit à la haine ; la vanité blessée fit place à la vengeance, qui ne recula devant aucun excès.

Cette explication paraît assez naturelle aux yeux des personnes qui jugent tous les faits sous le même point de vue, les dégageant de telle ou telle circonstance qui, dans un cas donné, peut changer la vraisemblance en absurdité.

Eh bien, si nous examinons la caractère de Louis, nous verrons que, tout jeune, ce prince montra les qualités et les faiblesses d'un âge plus avancé; que s'il fut ardent, ce ne fut que pour la grandeur. Or, là où domine l'ambition, l'amour est esclave; toujours le cœur aspire à la satisfaction de l'amour, ou cède à la soif insatiable et exclusive du pouvoir.

Ainsi, le dauphin ne trembla point pour son cœur, mais il vit dans Agnès, la maîtresse et le conseil de son père, un ennemi perspicace, et par cela même redoutable, qui viendrait à tout moment s'opposer à la réalisation de ses projets. Il vit dans Agnès l'ange gardien de Charles; dans cette faible femme, il devina un auxiliaire puissant en faveur du roi, un défenseur du trône, un observateur vigilant, toujours prêt à déjouer les plans les mieux conçus; il comprit que, si quelque jour il osait lever sur son père un poignard homicide, un sein viendrait recevoir le coup, et retarder de quelques instants le règne du parricide !

Peut-être serons-nous taxés d'exagération et nous accusera-t-on de vouloir couvrir de plus d'ombre le fond du tableau, afin de répandre une lumière d'autant plus éclatante sur notre principal personnage. Les faits qu'on lira plus tard répondront d'eux-mêmes.

« *Vn giour,* dit Étienne Chevalier, *on me dist que le roy me demandoit en la chambre où il auoit accoustumé de trauailler, et lorsque ie fus entré dedens ladicte chambre ;*

« *Estienne, mon amy, me dist le roy, iai besoing de ton ayde.*

— « *Parlez, syre, répondi-je aussitôt, ie suis prest de faire tout ce qu'il vous plaira m'ordonner.*

— « *Si ainsi soit, reprist le roy, escoute-moi. J'aime beaucoup uiuement vne damoyselle qui est damoyselle d'honneur de la reine, la damoyselle de Fromenteau.*

— « *Las ! fi-je aussitost ; et pour vérité dire, ne saurois trop la cause pourquoy j'aie soupiré.*

— « *Et pour icelle cause, me dist encore le*

roy, ie desirerois veoir vn physicien qui me pust prédire quel sera le succès de mon amour. »

Ce fut donc d'après les ordres exprès de Charles, et non par un effet du hasard, que, peu de jours après, un astrologue parut à la porte du château de Chinon, demandant à être introduit le plus tôt possible en présence du roi. Dès que celui-ci l'aperçut :

« Allez, dit-il à un de ses serviteurs, allez quérir mademoiselle Sorel, et lui dites qu'elle vienne tôt, qu'ainsi le veut son roi. »

Agnès ne pouvant se dispenser d'obéir à un ordre aussi formel, quitta la tapisserie à laquelle elle travaillait, et qui, au dire d'Étienne Chevalier, représentait le siége d'Orléans, et descendit chez le roi, qui avait profité de cet intervalle pour faire comprendre au devin quelles étaient ses intentions.

« Venez çà, gentille Agnès, lui dit Charles, en affectant une contenance calme, venez çà : ce physicien que vous voyez désire vous dévoiler le sort qui vous attend dans la suite, *et si ie ne craignois que me fissiez mentir, aussi bien vous le diroi-je moi-mesme.* »

Agnès s'inclina en souriant et s'assit sans répondre un seul mot. Puis, l'astrologue interrogea la main de la jeune fille, dont il suivait des yeux les lignes diverses, tira de son étui une petite fiole, et laissa couler sur le front d'Agnès quelques gouttes de la liqueur dont elle était remplie. Il écarta ensuite les cheveux, que la demoiselle de Fromenteau laissait tomber en boucles sur son front, contrairement à l'usage de la cour de France à cette époque.

« Votre sort est beau, dit alors le devin d'un air solennel; Mademoiselle, un grand roi vous aime, et d'un grand roi serez maîtresse. »

Agnès Sorel n'eut pas plutôt entendu ces paroles, qu'elle se leva précipitamment du siége sur lequel elle était assise, et se tourna vers le roi, qui l'observait en silence, épiant ses moindres mouvements et cherchant à lire dans sa physionomie, l'effet produit sur son cœur par une telle prédiction :

« Sire, lui dit-elle, mon sort est décidé, mais permettez-moi de vous dire que vous ne comprenez pas le sens véritable de cette prophétie : peut-être même, monsieur le physicien, ne l'entendez-vous pas aussi bien que moi. »

— « Mais, il me semble, gentille Agnès, qu'elle s'exprime assez clairement..... »

— « Eh bien ! s'il en est ainsi, reprit la demoiselle de Fromenteau, faites-moi place, sire, que je me rende auprès du roi d'Angleterre. »

— « Agnès, que voulez-vous dire?.... »

— « Oui, puisque je dois être la maîtresse d'un grand roi, ce ne peut être vous que la prédiction regarde, qui allez perdre votre couronne et ne serez qu'un bien petit roi ; tandis que le roi d'Angleterre, qui sous peu sera maître de votre royaume, et le joindra au sien, sera un bien plus grand et plus puissant monarque que vous! »

— « Pardieu, belle Agnès, il n'en sera rien ! »

Ainsi, dit Étienne Chevalier, le roi fut pris dans ses propres filets, et ses plans furent déjoués par la présence d'esprit d'Agnès Sorel.

Ce fait eut du reste des conséquences bien plus graves, et nous ne craignons pas d'avancer que c'est à cette réponse, si simple et si naturelle, que Charles fut redevable de son trône, et la France de sa liberté ; car à dater de cet instant le repentir germa dans le cœur du roi, qui, plein d'une vive émulation que l'amour animait encore, parvint peu à peu, à force de courage, de talent et de persévérance, à secouer le joug odieux sous lequel la nation gémissait depuis si longtemps, à terminer la guerre, et à établir des lois sages et utiles.

« Combien la France, s'écrie Fontenelle à cette occasion, combien la France ne doit-elle pas aux femmes, et à combien de galanterie les habitants de ce pays ne sont-ils pas obligés, ne fût-ce que par reconnaissance ! »

Cependant Agnès n'oubliait pas son ancienne protectrice, la duchesse de Lorraine. En conséquence, elle rappela à Charles qu'avant de s'engager par de nouveaux serments, son honneur l'obligeait à tenir les anciens, et lui représenta René, enfermé dans un cachot obscur, en proie à la douleur la plus vive et aux souffrances de toute nature ; elle peignit au roi la triste position de ce prince, avec des couleurs si vives, des accents si touchants, que Charles ému de compassion, sortit enfin de l'indifférence qu'il ressentait pour le malheur de son illustre parent, et fit toutes les démarches nécessaires, afin d'obtenir la liberté de René.

Ce prince la recouvra en effet le 25 avril de la même année, mais sous la condition qu'il viendrait reprendre ses fers quelque temps après, ce qu'il fit avec loyauté.

Ici le manuscrit d'Étienne Chevalier est tout d'un coup interrompu, et ne recommence que quelques lignes plus loin. Ce fait s'explique aisément, et nous avons lieu de penser que ce fut dans l'intervalle qui s'écoula entre cette époque et le 25 avril 1433, que l'heureux Charles parvint enfin à vaincre la résistance d'Agnès Sorel. Étienne Chevalier garde sur ces détails le plus profond silence, et sa discrétion sera facilement appréciée. Nous pensons d'ailleurs, et nous ne sommes pas seuldans notre opinion, nous pensons que l'infortuné secrétaire du roi éprouva une trop vive douleur de ce fait, pour être tenté de le consigner dans ses mémoires. Il nous serait du reste facile, avec un peu de bonne volonté, de remplir d'imagination la lacune qui se trouve en cet endroit du manuscrit; mais, nous l'avons déjà dit, notre but est d'écrire, non un roman plus ou moins ingénieux, mais l'histoire dans toute sa vérité, sans y rien ajouter, sans en rien retrancher. Les amis de la vérité nous sauront gré d'avoir purement et simplement suivi l'exemple d'Étienne Chevalier, et d'avoir omis ce qu'il a jugé convenable de taire..

(25 avril 1433.) Ce matin, dit Étienne Chevalier, le roi m'a fait appeler auprès de lui ; quand je suis entré dans sa chambre : « Étienne, m'a-t-il dit, je vais, sous peu de jours, demain peut-être, quitter Chinon. Veille avec le soin le plus scrupuleux sur demoiselle Agnès Sorel ; préviens tous ses désirs, comble tous ses souhaits ; c'est toi que je charge spécialement de cette mission ; efforce-toi de te montrer digne de ma confiance. »

(26 avril.) J'ai vu mademoiselle Agnès Sorel, que j'ai trouvée extrêmement triste. Je lui ai fait l'offre de mes services, et lui ai annoncé la volonté du roi : « Mon ami, m'a-t-elle dit, je te remercie, je n'ai besoin que de calme et de repos. » Je lui ai fait part de l'intention du roi de quitter le lendemain le château pour se rendre en ses états de Poitou. « Quoi! sitôt! » a-t-elle répondu, et ses joues se sont colorées d'une subite rougeur.

(27 avril.) Le roi est parti à dix heures, accompagné de messeigneurs de Chissay et de Gaucourt ;

la reine est venue prendre congé de lui, mademoiselle Sorel se tenait un peu derrière la reine; le roi l'a cherchée des yeux, et lui a fait un signe; la reine s'en est aperçue, s'est retournée; mademoiselle Agnès s'est enfuie!

(28 avril.) J'étais dans le cabinet de la reine, qui me dictait une lettre à son intendant de Languedoc; en sortant, j'ai vu entrer madame la gouvernante, et lui ai entendu dire à sa maîtresse que le roi avait eu une faiblesse pour la demoiselle de Fromenteau. Je ne sais si cela est vrai; toujours est-il que la réponse de la reine a été admirable.

« Le roi est mon seigneur et mon maître; il a tous droits sur moi, je n'ai pas celui de me mêler de ses actions. »

(2 mai.) Je reçois une lettre du roi, par laquelle il me mande que l'été ne doit pas se passer sans qu'une demeure particulière soit construite pour être offerte à mademoiselle Agnès Sorel, car tel est son bon plaisir.

Le roi me laissant le choix de l'emplacement, je vais consulter, à ce sujet, mademoiselle Agnès.

(4 mai.) Mademoiselle Agnès Sorel vient de re-

cevoir une lettre du roi, datée de Poitiers. Mademoiselle ne m'a rien dit, si ce n'est que le roi lui fait présent du comté de Penthièvre. C'est beaucoup ; mais c'est bien peu s'il est vrai que le roi ait été assez heureux!...

« (5 mai.) Nous sommes allés aujourd'hui examiner le lieu où doit s'élever l'habitation en question : elle sera située à l'extrémité du parc qui longe le château, à gauche. C'est un frais bocage que le jardin de Roberdeau ! »

Cette même année, comme on le sait, pendant que Charles était au Puy, en Auvergne, le comte d'Arundel vint mettre le siège devant Silly-le-Guillaume, petite ville du Maine; mais ses plans furent traversés par le comte de Richemont, qui s'avança pour la défendre.

L'année 1434, le roi se rendit à Vienne, en Dauphiné; il y reçut la visite de la reine de Sicile. Le comte de Richemont vint aussi, à cette époque, à Vienne. Charles quitta cette ville, traversa Lyon, et se rendit de nouveau à Poitiers, tandis qu'Arthus, passant par Nevers, gagna l'Artois.

Cependant, impatient de voir Agnès, Charles revint, sous quelque prétexte, à Chinon, d'où il repartit, après un court séjour, pour retourner à Poitiers.

Pendant cet intervalle, un grand événement venait de s'accomplir. Persuadé de la vérité d'une prédiction qui lui promettait la tiare, Amédée de Savoie s'était retiré à Ripaille, près de Thonon, y avait fait construire un palais magnifique, qu'il appelait simplement un *ermitage*, et l'habitait en compagnie de ses enfants, et d'un grand nombre de courtisans, avec lesquels il passait gaîment son temps, partageant ses loisirs entre la chasse, la bonne chère et l'exercice du cheval, ce qui donna lieu à l'expression *faire ripaille*. Lorsque cette nouvelle parvint à Chinon, le dauphin, qui s'y trouvait, s'écria :

« Par la Pâque-Dieu! il fait bien; car pour gouverner les humains, il faut vigueur et vivacité. »

Amédée ayant perdu Marie de Bourgogne, son épouse, nul obstacle ne s'opposait plus à son élévation à la chaire de saint Pierre. On sait à combien de troubles et de schismes ces événements donnèrent lieu.

Charles VII demeura à Poitiers jusque vers le milieu du mois de février. De retour à Chinon, dans les premiers jours de mars, il donna le 10 avril, à Jean Majoris, *maistre d'escole* du dauphin, des lettres par lesquelles il lui accordait cent livres tournois de pension.

Pâques fut cette année-là le 28 mars.

CHAPITRE V.

Étienne Chevalier se rend au château de Maignelais. — Sa lettre à Agnès Sorel. — Antoinette de Maignelais. — Elle arrive à Chinon. — Son départ. — Mort d'Isabeau de Bavière.

—

Le manuscrit d'Étienne nous apprend que ce fut vers cette époque que mademoiselle de Fromenteau commença d'habiter la maison qu'on avait construite pour elle.

Le 18 du mois suivant, Agnès fit mander Étienne Chevalier; dès qu'il entra, elle lui fit signe de venir prendre place sur un siége à côté d'elle, et lui dit :

« Messire, si j'ai bien entendu la volonté du roi, son bon plaisir serait, ce me semble, que je trouvasse en vous un ami sûr, fidèle et prêt à braver tous les obstacles pour m'être utile. »

« Je le comprends ainsi, madame, » répondit Étienne ; puis il ajouta avec un soupir :

« Et ainsi ferai-je ! »

« Or donc, messire, écoutez-moi, et si vous servez en ceci mes désirs, ma reconnaissance ne vous faudra pas. Le souvenir des jours éteints de mon enfance ne s'éloigne pas de mon cœur; la pensée de l'affection pure et sainte que je ressentais alors, ne saurait me fuir ! Oh ! ne soyez point étonné, messire, continua-t-elle, en levant au ciel des yeux humides de pleurs ; cette affection-là était vraiment pure....; c'était l'affection de mon enfance !

« Une jeune fille, ma cousine, fut élevée avec moi : Antoinette était, à l'exception de ma bonne tante, la seule parente que je connusse; je la chérissais, et depuis sept ans bientôt je ne l'ai point vue. Elle m'aimait peu, je crois ; mais le temps et l'absence auront changé ses sentiments ; je la presserai sur mon cœur, et je compterai une amie de plus !

« Partez, messire ; allez en Picardie. Là, sur les bords de l'Oise, vous trouverez un joli château bien fortifié, abrité de bois touffus et garni de bosquets odorants, c'est le château de Maignelais; là demeure Antoinette; là j'ai passé mon enfance. C'est à l'ombre de ses charmilles que je fuyais l'été les ardeurs brûlantes du soleil; sa terrasse fut témoin de mes premiers jeux, ses murs retentirent de mes premiers cris. Puissent-ils recevoir mon dernier soupir !

« Écoutez-moi bien, messire, pour ne vous pas tromper.

« Lorsque vous aurez fait savoir que vous désirez parler à la maîtresse du lieu, un vieux serviteur vous introduira auprès d'elle ; c'est Enguerrand, le même qui soutint mes pas chancelants quand je m'essayai à marcher !... »

Agnès s'arrêta quelques instants ; puis elle reprit, en étouffant un soupir.

« Que ne m'a-t-il accompagné, et que n'a-t-il soutenu de ses conseils ma première entrée dans le monde comme ma première entrée dans la vie !...»

— « Vous semblez émue, madame, interrompit Étienne Chevalier ; permettez que je me retire : dans quelques instants je reviendrai...... »

— « Restez, mon ami, restez : ce trouble est passager ; mais si je vois l'avenir sans effroi, je ne revois pas le passé sans regrets ! Enguerrand vous introduira donc auprès de ma tante, et alors j'abandonne à votre jugement le choix des expressions les plus propres à décider madame de Maignelais à laisser Antoinette la quitter pour venir passer quelque temps avec moi à Chinon. Puis, vous direz à ma cousine que je veux la voir, m'entretenir avec elle des jours qui ne sont plus ! Oh ! qu'elle ne refuse pas ma prière ! Partez, et gardez ceci comme un gage de ma reconnaissance et de mon amitié ! »

Et Agnès passa un anneau magnifique au doigt du secrétaire, qui baigna de larmes la main de la demoiselle de Fromenteau, et jura qu'il accomplirait le message qu'on lui confiait, dussent tous les ruisseaux se transformer en torrents sur son passage, dussent les chênes de Maignelais se transformer en géants pour lui défendre l'entrée du château [1] !

A dater de ce moment, Étienne Chevalier ne

---

[1] Ce sont ses propres expressions.

AGNÈS SOREL. 185

songea plus qu'à faire en toute hâte ses préparatifs de départ.

A cette époque, les routes étaient peu sûres. Outre les brigands qui les infestaient, on voyait les gentilshommes, nés pour protéger les faibles, oublier leur noble mission et s'avilir jusqu'à parcourir les terres de leurs vassaux, pillant la chaumière du pauvre et rançonnant le voyageur, qui était contraint de chevaucher toujours armé jusqu'aux dents, et n'avait d'autre protection que celle de son épée contre les attaques de ces hordes sauvages [1].

Aussi ne fut-on pas étonné un matin de voir Étienne Chevalier ceindre son baudrier, se revêtir d'une cotte de mailles, passer à son côté une longue épée, attacher ses éperons d'or, qui brillaient au soleil [2], et couvrir son bras d'un vaste bouclier, sur lequel était gravé le rébus suivant :

---

[1] Nous verrons plus tard Charles VII réprimer par de sages lois l'excès de tels abus.

[2] Le roi avait armé Étienne en lui disant : « Estienne, nostre Seigneur Dieu t'a fait naître Chevalier, et ie veux que tu meures chevalier de ma main. »

16

« *Tant* puis une *aile; vaut* puis une *selle ;
pour qui je* puis un *mors.*

« Tant elle vaut celle pour qui je meurs[1] ! »

Puis il sauta sur son cheval, et le pont-levis ayant été baissé, il se préparait à sortir, lorsque, s'étant retourné, il aperçut la demoiselle de Fromenteau à une fenêtre ; il la salua respectueusement, Agnès lui fit signe de la main. Satisfait alors, Étienne s'éloigna, tandis que de son côté Agnès le suivit des yeux jusqu'à ce qu'il eût disparu.

On fut longtemps sans entendre parler de lui, et ce retard eût sans doute causé un vif chagrin à Agnès ; mais à cette époque les événements graves se succédaient avec une rapidité telle, que rarement l'esprit pouvait s'abandonner d'une manière suivie à des pensées de peu d'importance.

Au mois de mai suivant, les Anglais furent défaits près de Beauvais, et cette victoire fut pour le cœur de Charles l'objet d'une vive satisfaction.

Agnès profita de la circonstance pour engager le roi à quitter Chinon et à se rendre lui-même en

---

[1] Ce fait est authentique ; nous aurons occasion d'en reparler plus tard.

Picardie. Mais livré tout entier à son amour pour la demoiselle de Fromenteau, il ne voulut entendre à rien, et heureux de régner sur le cœur d'une femme, il n'ambitionnait point d'autres conquêtes.

Remarquons seulement en passant avec quelle injustice la plupart des historiens ont traité la mémoire d'Agnès Sorel. Considérons qu'à chaque moment, dans toutes les circonstances, c'est elle qui, au nom de son amour, prie le roi d'oublier pour quelques heures cet amour même; elle qui lui rappelle ses devoirs, qui détache de la muraille l'épée que le roi y a suspendue; elle qui arme sa main, lui trace la route qu'il doit suivre; elle enfin, dont la voix suave et pénétrante, dont les accents persuasifs réveillent dans l'âme de Charles les sentiments de l'honneur et du devoir!

Agnès Sorel fut coupable, il est vrai; mais, hâtons-nous de le dire, nulle ne répara mieux une faute, nulle ne sut mieux qu'elle la faire tourner au profit des gens de bien.

Cependant, sans se laisser décourager par la défaite qu'ils venaient d'essuyer près de Beauvais, les Anglais se préparaient à assiéger Saint-Denis.

De leur côté les chefs de l'armée française, la voyant affaiblie par un hiver rigoureux, privés de vivres et de munitions, résolurent, après de mûres délibérations, d'envoyer auprès du roi, Dunois, le bâtard d'Orléans, pour lui demander des secours d'hommes et d'argent.

Celui-ci arriva effectivement au commencement du mois de juin à Chinon, et s'acquitta de sa mission auprès de Charles ; mais le succès ne répondit pas à son attente, les finances du roi étant presque aussi épuisées que son courage.

Pendant que Charles entretenait le Bâtard, Agnès Sorel recevait un messager chargé d'une lettre d'Étienne Chevalier, où celui-ci lui rendait compte du résultat de son voyage.

Après une longue description des fatigues qu'il lui avait fallu endurer sur les chemins, description que nous omettrons ici, parce qu'elle offre peu d'intérêt aux amis de l'histoire, il en venait au point le plus intéressant pour Agnès, son arrivée à Maignelais.

Nous allons donner quelques passages de cette missive, que nous traduirons en français du dix-neuvième siècle.

. . . .
. . . .
. . . .

. . . . J'ai éprouvé de bien grandes difficultés, Madame, dans tout le cours de ce voyage; mais il s'en est présenté de telles vers les derniers jours, que véritablement si notre divin Sauveur ne m'eût aidé de sa toute-puissante protection, j'y serais probablement resté corps et âme. Les maudits Anglais, ennemis du roi, notre sire, et de notre beau pays de France, couvraient toutes les campagnes aux bords de l'Oise; mais ils ont été vaincus et avec eux les obstacles que je devais rencontrer en Picardie.

Je suis enfin arrivé au pied des murs du château de Maignelais; suivant vos instructions, j'ai fait demander à parler à madame votre tante; mais, *las! la pauvre dame est départie de ceste vie en l'aultre.*

Fort étonné aussi de ne pas voir venir au devant de moi, comme vous me l'aviez annoncé, le vieil Enguerrand, je demandai avec empressement où il se trouvait; on me répondit que lui aussi avait cessé de vivre, et que la seule personne qu'il y eût alors au château était mademoiselle de Maignelais, votre cousine.

Ayant prié qu'on me conduisît à elle, je fus introduit dans une vaste salle. Après avoir fait part à la demoiselle de la mission dont vous m'aviez honoré, elle réfléchit un instant, puis répondit froidement :

« J'irai, Messire. »

Elle a du reste donné ordre qu'on eût grand soin de *monsieur l'Ambassadeur*.

Quand je lui demandai si elle comptait se mettre bientôt en route, lui faisant observer que les chemins étaient peu sûrs, et que, si elle voulait bien le permettre, je l'accompagnerais jusqu'à Chinon ; elle m'assura que ses préparatifs seraient terminés sous peu de jours, et qu'après avoir donné quelques ordres indispensables à ses gens, elle ne tarderait pas un instant à partir.

Heureux de cette assurance, je vous envoie, Madame, cette lettre afin que vous vous teniez prête à recevoir mademoiselle de Maignelais.

Je puis du reste vous affirmer que quels que soient les périls qu'il m'ait fallu braver pour remplir ma mission, je suis prêt à recommencer et à aller plus loin encore, si tel est votre bon plaisir.

. . . .

Voilà, en substance, le contenu de la lettre écrite à Agnès Sorel par Étienne Chevalier, et qui n'arriva que longtemps après qu'elle eût été expédiée, les communications étant à cette époque rares et difficiles. Ce fut, comme chacun sait, quelques années plus tard, et seulement sous le règne de Louis XI, que des courriers furent régulièrement établis sur plusieurs points du royaume, encore ne servaient-ils qu'au transport des dépêches royales.

Aussi, peu de jours après la réception de cette lettre, on ne fut pas surpris de voir arriver Étienne Chevalier avec une jeune dame d'une vingtaine d'années, coiffée, selon la mode du temps, d'une espèce de bonnet ou plutôt de chapeau élevé, en forme de pain de sucre, et dont le sommet laissait échapper un long voile qui retombait en arrière sur les épaules de mademoiselle de Maignelais.

Entendant du bruit dans la cour du château, Agnès se mit à une fenêtre, et ayant aperçu de loin son fidèle Étienne Chevalier et sa cousine, elle descendit en toute hâte les degrés de l'escalier en limaçon qui conduisait à son appartement, et s'élançant dans les bras d'Antoinette, elle la serra sur son cœur, en s'écriant :

— « Ma cousine! ma bonne cousine!... Oh! oui, c'est bien toi!... je te reconnais... et pourtant tu es embellie... bien embellie!... »

Mademoiselle de Maignelais se dégageant peu à peu des bras de sa cousine, parcourut celle-ci d'un regard prompt et perçant :

— « Pas plus que toi, Agnès! Non, vraiment, pas plus que toi! Mais je ne veux pas oublier les remerciements que mérite messire Étienne Chevalier pour m'avoir si généreusement octroyé aide et protection pendant le cours de ce pénible voyage. Je n'ai eu qu'à me louer de sa courtoisie et de ses prévenances ; grand merci, Messire, grand merci! »

En entendant ces paroles, Étienne dirigea sur Agnès Sorel un regard doux et pénétrant qui semblait dire : « Êtes-vous satisfaite ? »

— « Sans doute, chère Antoinette, reprit Agnès, en vous donnant messire Étienne pour chevalier, j'étais certaine d'avance qu'il saurait se montrer digne de ma confiance. Je joins donc mes remerciements à ceux de ma cousine, poursuivit avec un accent plein d'une enivrante suavité la demoiselle de Fromenteau, et croyez, Messire, que je n'oublierai pas de vanter au roi votre fidélité et votre loyauté ! »

— « Je ne demande, Madame, d'autre approbation que la vôtre, repartit d'une voix tremblante Étienne Chevalier ; elle me suffit, et si je l'obtiens, peu m'importe le reste du monde ! »

Agnès Sorel lui tendit une main sur laquelle il posa ses lèvres, puis prenant le bras d'Antoinette, elle l'entraîna dans sa chambre.

La tendre et sensible Agnès entretint longtemps sa cousine, lui rappela leurs jeux, pleura sa tante, donna quelques regrets au vieil Enguerrand, et demanda ensuite à Antoinette le récit de tout ce qui lui était arrivé depuis le moment de leur séparation.

— « Oh ! rien, absolument rien d'intéressant, je t'assure ; mon faucon est mort et notre voisin, messire de Mailly, m'en a envoyé un autre, aussi adroit que beau. Depuis que je ne t'ai vue, ma bonne Agnès, j'ai chassé, et voilà tout ! »

— « Tout ! » reprit Agnès, en appuyant sur le mot.

— « Tout, vraiment ; mais toi, tu as su mettre mieux le temps à profit. Ta carrière est tout autre que la mienne. Moi, simple fille de campagne, je vis au milieu des champs, comme la fille de mon fermier, sans intérêt dans la vie ; mais toi, brillante, parée, tu passes tes jours au sein des fêtes et de la magnificence. On s'empresse de t'entourer d'hommages, chacun te recherche, te flatte, et le roi lui-même.... »

Agnès pâlit ; elle retira sa main qui tremblait dans celle de sa cousine.

Antoinette jeta sur elle un regard froidement scrutateur, et répondant tout haut à sa pensée :

— « Je le savais bien ! » murmura-t-elle.

Sans répondre à cette observation, Agnès répliqua :

— « Le roi lui-même désire te voir, ma chère Antoinette ; je lui ai si souvent parlé de toi, qu'il me dit un jour : Il faut la faire venir à Chinon, je me charge de la marier, et sans doute elle voudra bien accepter un époux de ma main ! »

— « C'est étrange, repartit avec un sourire moqueur la cousine d'Agnès, et pourrais-tu me dire pourquoi le roi songe à me marier, moi qu'il ne connaît point, tandis qu'il laisse une fille comme toi sans époux. Charles, à ce qu'il paraît, a la vue longue ; il voit de loin et pas de près ! »

Troublée par les paroles d'Antoinette, Agnès s'était trop pressée de répondre, elle n'avait pas apprécié la portée de sa réponse.

— « Pourquoi ? reprit-elle alors d'une voix assurée : parce que j'ai manifesté ouvertement au roi l'intention de ne jamais me marier ! »

— « Ah ! vraiment. Eh bien ! s'il en est ainsi, présente-moi au roi sans plus tarder. »

— « Il n'est point actuellement à Chinon. Hier il a quitté ces lieux pour se rendre à Amboise. On parle beaucoup d'un traité qui devra se conclure à Arras, et Charles a renoncé aux plaisirs de ce château, pour les travaux et le recueillement de celui d'Amboise. »

— « Fort bien, j'arrive ou trop tôt, ou trop tard : j'attendrai donc ! »

Les deux cousines parcoururent pendant plusieurs jours Chinon et les environs de ce délicieux pays ; Antoinette avec une insistance désespérante faisait toujours tomber la conversation sur le roi, tandis qu'Agnès, qu'un tel entretien embarrassait au plus haut point, faisait tous ses efforts pour l'éluder.

On en était là, lorsque le mois suivant (6 juillet 1435), vint à Chinon un courrier apportant à Marie d'Anjou la nouvelle que le roi venait de donner au sire de Gaucourt et à ses autres ambassadeurs à Arras, leurs lettres de créance; qu'en conséquence, délivré des inquiétudes que cette affaire lui causait, il ne tarderait pas à revenir.

Or, la reine était absente, lors de l'arrivée de mademoiselle de Maignelais, et s'étant trouvée très-indisposée à son retour, cette dernière n'avait pu encore lui être présentée.

Le jour même où ce courrier arriva, la reine fit savoir qu'elle recevrait le soir.

Les deux cousines se rendirent donc dans le grand salon, et Marie d'Anjou eut la bonté de causer quelques instants avec Antoinette; puis celle-ci s'étant éloignée, elle appela Agnès et lui dit :

— « Mademoiselle de Fromenteau, cette femme n'est pas votre amie! »

— « Je le crains, Madame! »

— « Défiez-vous en donc ! »

— « Ainsi ferai-je ! »

Cependant Agnès ne pouvait plus cacher l'amour du roi pour elle. Sa grossesse n'étant plus un mystère pour personne, elle nomma Charles, comme père de son enfant, et ce prince reconnut la vérité de ce qu'avançait la demoiselle de Fromenteau.

A la fin du présent mois de juillet, le roi revint à Chinon, et Agnès lui présenta mademoiselle de Maignelais.

Antoinette était jolie ; animée d'un sentiment que nous ne chercherons point à analyser, elle le fut encore plus ce jour-là que de coutume. Sa toilette était disposée avec art, et en abordant le roi, son regard s'anima d'un feu extraordinaire. Le roi lui parla quelques instants, elle répondit avec esprit, mais sans naturel : elle voulait plaire et ne plut pas ! Combien la grâce naïve et simple, combien les charmes modestes et pleins d'attraits d'Agnès contrastaient avec cet extérieur apprêté et recherché ! Le regard de l'une était droit et parvenait au cœur ; celui de l'autre, détourné, affecté, étonnait sans séduire.

Agnès s'exprimait avec simplicité, les mots sortaient de ses lèvres, prononcés avec un accent plein de douceur; Antoinette était de ces femmes qui, lorsqu'elles adressent la parole à quelqu'un, promènent autour d'elle un regard pour mendier l'approbation.

Ce petit manége amuse quelquefois, il fatigue souvent. Aussi Charles ne lui adressa-t-il que quelques froids compliments et se borna-t-il à exprimer le désir que mademoiselle de Maignelais se plût à Chinon, et voulût bien y prolonger son séjour aussi longtemps qu'il lui serait agréable.

Puis, se levant, il alla s'asseoir auprès de sa chère Agnès, qu'il n'avait pas vue depuis plus de deux mois, et causa quelque temps avec elle.

Antoinette ne put réprimer un mouvement de dépit et d'amour-propre blessé à cette vue; mais elle se remit bientôt, et alla prendre possession du siége que le roi venait d'occuper près d'Agnès Sorel.

Quelques jours après, Charles annonça qu'il était obligé de repartir pour Amboise, où l'appelaient des affaires pressantes. Ce jour-là, Agnès fut triste; obligée de renoncer à son amitié pour la seule parente qu'elle eût, son amour pour le roi s'était accru de toute l'affection qu'elle avait ressentie pour Antoinette.

Or donc, comme le roi venait de quitter Chinon, escorté d'une suite nombreuse, Agnès, pensive et mélancolique, s'était égarée sous les bosquets du parc. Elle y était à peine depuis quelques instants, lorsqu'un léger bruit se fit entendre; elle prêta l'oreille; les pas devinrent plus distincts, et sa cousine se présenta devant ses yeux.

« J'ai mille excuses à te faire, ma chère Agnès, dit-elle en lui prenant le bras, d'avoir oublié de te rapporter, ainsi que je le lui avais promis au lit de mort, les derniers vœux que ma mère a formés pour toi. Je pars demain pour retourner à Maignelais.... »

— « Déjà! s'écria Agnès. »

— « Déjà, reprit Antoinette. Le soleil de ce pays est trop ardent pour moi, et je vais dans ma solitude rechercher le repos que j'ai perdu. Mais je ne te quitterai pas sans accomplir la promesse que j'ai faite à ma mère; ainsi, écoute-moi, Agnès, ce sont les dernières paroles de celle qui t'aima tant!

« Succombant à la fatigue d'une journée de

douleurs, ma mère s'était assoupie. La nuit enveloppait le château, et le calme le plus imposant régnait autour de nous. Agenouillée auprès de son lit, j'adressais au ciel ma prière, pour qu'il voulût bien adoucir les souffrances de celle que je chérissais. Tout à coup la malade pousse un profond soupir, et se dressant sur son séant :

« Agnès ! Agnès ! s'écria-t-elle, ma chère enfant, où êtes-vous ? »

« Je m'approchai d'elle, mais dans son délire elle me repoussa, en disant :

« Vous n'êtes point Agnès, vous n'êtes pas ma nièce bien-aimée ! »

— « Ma mère, c'est moi ; moi, Antoinette, votre fille ; ne me reconnaissez-vous pas ? »

— « Quoi ! c'est toi, mon enfant ; mais encore, ta cousine, où est-elle ? »

— « Hélas ! vous le savez, ma mère, Agnès nous a abandonnées. »

— « Oh ! ma cousine, interrompit avec feu la demoiselle de Fromenteau ; oh ! ma cousine, c'est indigne à vous ! Vous n'ignorez pas que c'est sur l'invitation pressante de ma tante elle-même, et d'après vos propres conseils, que je me décidai à quitter Maignelais, et plût au ciel que je n'eusse cru que moi ! »

— « Je regrette, ma cousine, reprit tranquillement Antoinette, je regrette que mes paroles vous causent tant d'émotion ; mais enfin, je vous dois la vérité.... »

— « Encore une fois, vous me devez la vérité, reprit Agnès en courroux, et vous me donnez le mensonge ! »

— « Ma cousine, reprit mademoiselle de Maignelais, toujours avec le même sang-froid, vous êtes trop irritable ; votre santé est votre excuse. Du reste, je n'achèverai pas, en ce moment, ce que je voulais vous dire ; demain matin, si vous le voulez bien..... »

— « Soit, ma cousine, à demain ! »

Et les deux jeunes personnes se séparèrent.

Mademoiselle de Maignelais s'occupa pendant toute cette journée de ses préparatifs de départ ; le soir, elle prit congé de la reine, et le lendemain matin, avant que personne fût levé dans le château, elle se mit en route pour la Picardie, renonçant, bien malgré elle, à toute pensée de conquête sur le roi, et laissa au garde-pont de Chinon une

lettre qui devait être remise à mademoiselle de Fromenteau deux jours après le départ d'Antoinette. Cette lettre contenait les dernières paroles de madame de Maignelais. Étienne Chevalier nous l'ayant conservée en entier, nous allons en citer le passage suivant : . . . .
. . . .

« *Je vous disois donc, très-chière cousine, que ma mère, vostre tante, me dist : Si iamais, mon enfant, tu revois ta cousine, tu lui voudras bien dire, de ma part, que tousiours ie prierai le Seigneur, nostre divin Sauveur, pour qu'il l'ait en sa saincte garde, et la défende de toute pensée déshoneste et action contraire à la vertu. Ie lui souhaite qu'elle puisse se gaudir tousiours dans l'innocence de son cueur. Sur ce, ie lui enuoie ma bénédiction.*

« *Quand j'eus ouï ces lamentables paroles, ie pleurai moult grandement, mais elle me voulut bien consoler, ce que, à vray dire, ne pust faire, et le dict soir, à minuit, elle trespassa. Que Dieu ait son âme deuant sa face !*

« *Et aussi bien ie me voulois libérer de ceste commission ; mais vostre estat de santé déplora-*

ble, suicte naturelle de vostre grossesse, m'a empeschée de vous exprimer, auec la voix, les derniers souhaict de vostre tante, auxquels ie ioins les miens aussi. . . . .

. . . . »

Cette lettre fit, on le sent bien, une profonde impression sur l'esprit d'Agnès ; elle admirait l'art cruel avec lequel sa cousine savait lui percer le cœur. A cela se joignait une autre cause de douleur : l'absence de Charles. Les heures s'écoulaient lentes et uniformes pour la tendre Agnès; et si elle savait trouver de l'éloquence pour engager le roi à la quitter, lorsque le bien de l'état l'exigeait, la pauvre enfant n'en savait plus trouver pour se consoler lorsque, vaincu par ses prières, il s'était éloigné d'elle. Ces divers motifs d'affliction influaient fortement sur l'esprit d'Agnès, et depuis la lecture de la lettre de sa cousine, les dernières paroles de madame de Maignelais restaient gravées dans sa pensée, et oppressaient son âme d'un poids insupportable.

Ma tante, pensait-elle, me souhaite de trouver le bonheur dans l'innocence des désirs et la pureté de l'âme; hélas! et j'ai perdu l'une et l'autre;

aussi n'est-il plus de repos pour moi sur la terre !

Poursuivie de ces tristes pensées, Agnès sentit son sang bouillir ; la fièvre s'empara d'elle, et la réduisit presque à la dernière extrémité. En apprenant cette nouvelle, Charles quitta Amboise en toute hâte, et revint à Chinon.

La présence du roi ramena le calme dans l'âme d'Agnès. Semblable à ces fleurs qui, repliées le soir, s'entr'ouvrent de nouveau, et embaument l'air, lorsque le soleil a reparu sur l'horizon, mademoiselle de Fromenteau écoutait, en silence, les discours pleins d'un tendre intérêt que lui tenait le roi ; elle se sentait renaître à la vie, et les nuages se dissipaient peu à peu.

Le 10 octobre 1435, quelques jours après le retour de Charles à Chinon, le son d'une trompette se fit entendre, et deux hérauts entrèrent dans la cour du château.

« Allez, crièrent-ils au garde de la porte, allez, et faites dire au roi que deux hérauts d'armes demandent à être introduits en sa présence. Qu'il daigne nous accorder audience ; nous avons des papiers importants à lui remettre, et une grande nouvelle à lui apprendre. »

Le roi assembla aussitôt son conseil, et étant monté sur son trône, la couronne en tête et le sceptre à la main, il donna ordre qu'on introduisît les deux hérauts.

Ceux-ci étaient couverts d'une espèce de vêtement assez semblable à celui que portent les desservants dans les églises catholiques. Cet habit était de couleur violette, et sur la poitrine trois fleurs de lys d'or étaient brodées; une frange également d'or l'entourait en entier; leurs pieds étaient chaussés de longs souliers verts pointus; leur vêtement de dessous de même couleur. Ils portaient à la main une bannière violette, chargée de trois fleurs de lys, semblables à celles de leur manteau, et surmontée d'une couronne royale. Le bâton était recouvert d'une étoffe noire, brodée d'argent.

Les deux hérauts s'avancèrent jusqu'auprès du trône, et s'étant inclinés profondément, ils posèrent chacun un pied sur le premier degré, et remirent au roi des papiers scellés de cire noire.

Charles lut ces dépêches avec précipitation, puis, découvrant sa tête, il s'agenouilla, et dit tout haut :

« *Fiat voluntas tua, Deus!* »

Ensuite s'étant relevé :

« Ces papiers, Messeigneurs, dit-il, en s'adressant à ceux qui l'entouraient, nous annoncent que notre royale mère, Isabeau de Bavière, a rendu, le 30 du mois de septembre, le dernier soupir, en son hôtel de Saint-Pol, à Paris. Demain, des prières solennelles seront dites pour le repos de son âme. »

Les hérauts racontèrent alors, sur l'ordre du roi, les derniers moments de la reine-mère; ils rendirent compte de son testament, qui accordait des revenus à différents couvents et à diverses églises, à la charge de faire dire annuellement des messes pour elle. Ils répétèrent ensuite comment, quelques jours après sa mort, Isabeau avait été transportée, la nuit, aux flambeaux, et sans aucune pompe, sur un bateau, jusqu'à Saint-Denis, où elle avait été inhumée près de son royal époux, Charles VI.

Le lendemain, un office solennel fut célébré pour le repos de l'âme de la feue reine, en la chapelle du château de Chinon. Le roi assistait à cette triste cérémonie. L'officiant était le confesseur de Charles, l'évêque de Castres.

Deux jours après (13 octobre), le roi quitta Chinon, et se rendit de nouveau à Amboise; mais à un mois de là, un événement intéressant pour son cœur, le contraignit à quitter cette résidence.

Agnès Sorel sentant approcher le terme de sa grossesse, avait abandonné Chinon; et dans le but de retrouver un peu de calme, elle s'était rendue au château de Fromenteau; ce qu'ayant appris l'amoureux Charles, il y accourut en toute hâte, et arriva le 16 novembre, deux jours après que sa bien-aimée eut mis au monde une fille, que le roi reconnut, et qu'il nomma Marguerite.

Cette enfant épousa, en 1458, Olivier de Coëtivy.

Charles donna à Agnès, pour constituer plus tard la dot de sa fille Marguerite, le château de Beauté-sur-Marne, « *le plus bel chastel et joli et le mieux assis qui fust en toute l'isle de France.* » D'où elle prit le nom de dame de Beauté; ce qui, au dire des courtisans, lui seyait à merveille. Elle reçut, en outre, la seigneurie de Roche-Servière.

Charles quitta Fromenteau, et se rendit à Tours,

où il ratifia, le 10 décembre, les conditions stipulées au congrès d'Arras.

L'année suivante, le dauphin revint à Tours, où ses noces furent célébrées avec Marguerite d'Écosse ; puis il vint passer quelque temps à Chinon avec sa nouvelle épouse.

Le 18 mars, de grandes fêtes eurent lieu au château, à l'occasion du mariage qui y fut célébré entre Jean de Vergy, seigneur de Fonvens, et Marguerite de Larocheguyon, auquel assistèrent Marie d'Anjou, Agnès Sorel et Guillaume Bélier, gouverneur de Chinon.

Au mois de décembre, le roi quitta Tours et revint à Chinon, où la reine, Marie d'Anjou, mit au monde, le 4 janvier, un fils qui fut tenu sur les fonts de baptême par le duc de Bourbon, au nom du duc Philippe de Bourgogne.

Cet enfant ne vécut que quelques jours.

Le roi demeura longtemps en Touraine, livré à son amour pour Agnès, qu'il ne pouvait plus se décider à quitter ; néanmoins, à force de prières, madame de Beauté obtint qu'il quitterait le château, et se rendrait à Montrichard, où l'appelaient des affaires d'importance. Le premier octobre, il arriva dans cette ville, qu'il abandonna pour se rendre à Lyon, et de là à Montpellier, où il passa une partie du carême, et où il fit ses **Pâques**.

CHAPITRE VI.

Agnès Sorel accouche d'une fille. — Le château de Bois-Trousseau. — Le fanal. — Mort de Marguerite d'Écosse. — François, duc de Bretagne, rend hommage au roi de son duché à Chinon. — Tournoi près de Razilly. — René d'Anjou. — Agnès Sorel accompagne le roi à Paris. — Le comte de Dammartin et le dauphin. — Louis insulte Agnès, qui abandonne la cour.

—

Pendant presque tout le cours de cette année (1437) le roi fut absent de Chinon; ayant quitté Montpellier, il traversa Saint-Flour, Clermont, se rendit en Bourbonnais et passa les fêtes de la Toussaint à Melun.

Cependant René d'Anjou, qui, ainsi que nous l'avons vu plus haut, avait dû reprendre ses fers, n'ayant obtenu qu'une liberté momentanée, était toujours retenu prisonnier. Agnès Sorel écrivit au roi, pour lui rappeler ses engagements envers Isabeau de Lorraine, son ancienne protectrice ; et sur la prière réitérée de madame de Beauté, Charles se décida enfin à s'occuper sérieusement de cette affaire. Il envoya, en conséquence, au comte de Vaudémont, Étienne Chevalier, qui s'était déjà si bien acquitté précédemment de la même mission, et qui ne fut pas moins heureux dans ses négociations cette fois-ci que l'autre ; car peu de temps après on apprit la mise en liberté de René d'Anjou, duc de Bar, époux d'Isabeau de Lorraine.

Le 4 novembre, le roi quittant Saint-Denis, se rendit à Paris, où de grandes fêtes furent célébrées à cette occasion. On déploya un luxe des plus somptueux, et des enfants, représentant *l'Amour* et *l'Avenir*, vinrent saluer le roi, le féliciter de ses succès et lui prédire de nouveaux triomphes.

Après quelque temps de séjour dans cette ville, que peu d'années auparavant Charles doutait de revoir jamais, il revint à Tours, et alla aussitôt se jeter aux pieds d'Agnès à Chinon. Avec quel bonheur ne revit-il pas cette maîtresse chérie, dont il était éloigné depuis un an ! Avec quels doux transports il lui renouvela ses serments d'un éternel amour !

Mais bien malheureusement l'amoureux Charles ne put jouir longtemps de la présence de son Agnès. Contraint de se rendre dans le Berry, il quitta Chinon après avoir écrit, le 14 janvier, aux prélats du Languedoc pour les réunir à Bourges.

La demoiselle de Fromenteau ne tarda pas à suivre son exemple ; elle alla passer l'hiver à Fromenteau ; puis, lorsque le printemps revint, curieuse de visiter le château de Beauté-sur-Marne, qui lui avait été donné par Charles VII, comme nous l'avons dit plus haut à l'occasion de la naissance de Marguerite, et qu'elle ne connaissait point encore, elle se mit en route et arriva à Beauté, où elle accoucha une seconde fois d'une fille qui reçut le nom de Jeanne, et qui épousa plus tard Antoine du Bueil, comte de Sancerre : Louis XI lui fit présent, en 1478, de la vicomté de Carentan.

Aussitôt que le roi apprit cette nouvelle, il adressa à Agnès Sorel une lettre des plus tendres, qu'il accompagna du don du château de Bois-Trousseau, près de Bourges, où il la pria instamment de vouloir bien se rendre. Madame de Beauté crut devoir céder aux supplications de Charles ; et aussitôt qu'elle se sentit assez bien portante pour entreprendre un aussi long voyage, elle se mit en route et arriva à Bois-Trousseau, où le roi accourut en toute hâte, dans le désir extrême qu'il éprouvait de la revoir.

Agnès Sorel, dont le patriotisme l'emportait de beaucoup sur l'amour qu'elle ressentait pour son royal amant, exigea de lui qu'il ne viendrait pas à Bois-Trousseau jusqu'à ce qu'une affaire d'importance, dont il s'occupait alors, eût été conclue et terminée. Charles y consentit ; mais cette affaire dura longtemps : le roi, qui supportait l'absence avec courage quand l'objet de ses vœux était loin de lui, souffrait beaucoup de la contrainte que lui imposait Agnès à quelques pas de sa personne.

Un soir que celle-ci examinait avec attention les riches enluminures d'un superbe manuscrit, on vint lui annoncer qu'un pauvre chevalier, parti le matin pour la chasse, s'était égaré, et qu'exténué de chaleur et de fatigue, il demandait à la dame du lieu un asile momentané, et quelques gouttes d'eau pour rafraîchir ses lèvres altérées.

Fidèle aux lois de l'hospitalité, Agnès Sorel

donna ordre qu'on l'introduisît sans plus tarder; et quelle ne fut pas sa surprise en reconnaissant dans le chasseur égaré le roi lui-même, qui, ne pouvant plus résister au désir de la voir, s'était servi de cette petite ruse pour arriver jusqu'à elle.

Après quelques reproches, adressés d'une voix tendre, Agnès se laissa fléchir, et permit à Charles de se rendre au château de temps en temps. Néanmoins la demoiselle de Fromenteau exigea, on ignore dans quel but, que les visites du roi fussent tenues secrètes, et voici le moyen dont on convint pour se réunir.

Agnès attendait la nuit; puis, quand tout était rentré dans le repos, alors que chacun était plongé dans le sommeil, elle faisait allumer un feu sur le sommet d'une des tours les plus élevées du château, et, guidé par ce fanal, l'heureux Charles, en costume de chasseur[1], se rendait auprès de sa chère *damoyselle*, et passait là des heures pleines de félicité et de douces joies.

---

[1] Tout romanesque qu'il est, ce fait ne saurait être révoqué en doute: outre le témoignage d'Étienne Chevalier, qui avait suivi Agnès à Bois-Trousseau, dépositaire d'ailleurs de tous ses secrets, nous pouvons encore en appeler à celui de Delort.

Agnès Sorel revint à Chinon, où peu de temps après Charles VII arriva lui-même, puis il alla le 1ᵉʳ novembre à Blois.

Cette année-là eut lieu le mariage de Madame Catherine, fille du roi, avec le comte de Charolais, fils du duc de Bourgogne [1].

Charles fit ensuite un voyage à Paris, accompagné d'une suite nombreuse et brillante. A la fin d'avril, il quitta la capitale pour le Puy, et revint à Chinon. L'histoire nous dit qu'il était à Alby avec le Dauphin au mois d'octobre, et en novembre il apprit à Angers que le connétable étant allé mettre le siége devant Avranches, les Anglais l'avaient obligé de le lever.

L'année suivante, il ne se passa rien qui soit digne d'être mentionné; le roi fit seulement quelques voyages en Languedoc et en Auvergne, où il fut rejoint par le connétable. Irrité de la révolte de son fils, que quelques seigneurs et le comte de Clermont, entre autres, avaient entraîné dans une ligue contre lui, il reçut à Cusset le Dauphin et Monseigneur le duc de Bourbon, qui vinrent hum-

---

[1] Voyez Alain Chartier.

blement lui demander un pardon qu'il leur octroya généreusement.

Les ligueurs, au dire d'Étienne Chevalier, « *auoient prins Monseigneur le Daulphin son fils et lvi auoient donné à entendre parolles et choses plaisans à sa volonté, afin de le mettre en parolles et en faicts à l'encontre de son père, lesquelles choses estoient contre Dieu, raison et nature.* »

Le roi revint à Bourges où il revit Agnès Sorel, qui habitait alors le château de Bois-Trousseau, et où il ordonna que le pape Eugène serait reconnu en France, au détriment du pape Félix, l'ex-duc de Savoie.

L'année suivante fut encore plus stérile en événements que celle qui l'avait précédée. Agnès Sorel accoucha d'une troisième fille, qui fut, comme ses deux sœurs, reconnue par Charles VII. Le roi fit présent à cette occasion à Madame de Beauté du château d'Issoudun.

Le 25 juin 1442, le roi, aidé du comte de Richemont, prit Acqs sur la Dordogne et quelques autres villes ; la reine Marie d'Anjou eut cette année-là le malheur de perdre sa mère, la reine de

Sicile, et le duc de Bretagne Jean étant mort également, son fils François, neveu du connétable de Richemont, lui succéda.

Vers la fin de 1442, le château de Chinon resta complétement vide d'habitants. Le roi était à Montauban avec la reine, Agnès résidait à Fromenteau, et Étienne Chevalier nous apprend que Madame de Beauté l'avait chargé d'aller examiner les comptes de ses fermiers à Laroche-Servière.

En octobre 1443, le roi revint à Saumur, puis à Chinon.

« *Cetuy an*, dit Étienne Chevalier, *vindrent en la cité de Tours le comte de Suffolk et le sire de Roos de par le roy d'Angleterre pour traicter de la paix entre le roy et le roy d'Angleterre.* »

Le 16 août 1444, mourut à Châlons Madame Marguerite d'Écosse, femme du Dauphin. Cette infortunée princesse ayant été vue seule, un soir, sans lumière dans son appartement, par un gentilhomme nommé James du Tillay, celui-ci la calomnia indignement. La douleur que ces propos lui causèrent, jointe aux mauvais traitements qu'elle avait à subir de la part du Dauphin, la plongèrent dans une mélancolie qui la conduisit insensiblement au tombeau.

Marguerite d'Écosse, fille de roi, belle-fille de roi, entourée des hommages de la cour, s'écriait, mourant à la fleur de son âge :

« Ah ! laissez-moi, fi de la vie, qu'on ne m'en parle plus ! »

Le 14 mars 1445, Charles reçut à Chinon l'hommage du duc de Bretagne. Quelques historiens prétendent que le 15 le roi était à Châlons, mais ce fait est inexact ; car, outre la pièce authentique de l'hommage de François que nous allons mettre sous les yeux du lecteur, il existe encore un acte daté du 16 mars 1445 à Chinon[1]. On sent dès lors qu'il est de toute impossibilité que le roi fût le 14 et le 16 à Chinon, tandis qu'il aurait été le 15 à Châlons.

Dans les premiers jours du mois de mars 1445, le duc François de Bretagne, successeur de Jehan de Bretagne, son père, arriva au château de Chinon, escorté d'une foule de gentilhommes plus richement vêtus les uns que les autres. Il fut reçu

[1] Trésor des Chartes, C. de 171 à 174.

par le roi, qui fit donner les ordres nécessaires pour que son hôte fût traité avec les honneurs dus au rang qu'il occupait, et à la parenté qui le liait au sang royal de France.

— « Mon très-redouté Seigneur [1], dit François au roi en descendant de cheval, je suis venu en ces lieux pour prêter hommage de mon duché de Bretagne et de mon comté de Montfort, ainsi que doit le faire tout vassal à l'égard de son suzerain. »

— « Mon très-cher neveu, répondit le roi, nous vous savons gré de cette démarche, et nous espérons qu'elle ne sera que le prélude de la bonne amitié qui doit exister entre nos deux maisons. »

Puis, après quelques jours de repos, on arrêta que la cérémonie de la prestation d'hommage aurait lieu le 14.

En conséquence, lorsque le jour fixé fut arrivé, Imbaut Bressart, tabellion en chef, et Benoît Raoulet, notaire, se rendirent à Chinon pour dresser l'acte d'hommage. Aussitôt qu'ils furent arrivés au château, on les admit dans la chambre à *parer* du

---

[1] Tel était le titre que les princes du sang et les grands vassaux de la couronne donnaient au roi à cette époque.

roi, près de celle du *retraict*, où vers cinq heures après midi vint haut et puissant seigneur, Monseigneur François, duc de Bretagne, accompagné de noble et puissant seigneur, Arthus, comte de Richemont, connétable de France, son oncle ; des évêques de Saint-Brieuc et de Dôle, du sire de Guinegimguamp, messire Robert d'Epinay, messire Jehan l'Abbé, maître Jehan Loisel, sénéchal de Dinan, maître Ro-de-la-Rivière, René Rouault, Arthur de Montauban, Jean Ruffier, Henri de Villeblanche et Jehan de Saint-Paul, tous ses conseillers, officiers et serviteurs.

Alors le roi *yssit* dehors de son retrait et entra dans la chambre à parer. Étaient présents, très-haut et très-puissant prince Monseigneur son fils, Dauphin de Viennois, le comte de Vendôme, le comte de Foix, le chancelier de France, les comtes de Tancarville et de Laval, l'archevêque de Vienne, l'évêque de Maguelone et beaucoup d'autres seigneurs. Le duc entra et fit la révérence, puis, ôtant son chaperon, il mit ses mains dans celles de Charles, et messire Pierre de Brézé, chambellan du roi, s'adressant au duc :

« Monseigneur de Bretagne, vous faites foi et

hommage lige au roi votre souverain seigneur ici présent, à cause de sa couronne, de votre duché de Bretagne, ses appartenances et dépendances, lui promettez foi et loyauté et le servir envers et contre tous, sans aucun excepter. »

A quoi le duc répondit en se tournant vers le roi :

« Monsieur, je vous fais la foi et hommage telle et semblable que mes prédécesseurs, ducs de Bretagne, ont accoutumé de faire à vos prédécesseurs. »

Puis le roi l'ayant baisé à la bouche, lui dit :

« Beau neveu, je sais bien que vous avez bon vouloir à moi, et du vivant de votre père même. »

A quoi le duc répondit :

« Monseigneur, je vous serai bon et loyal sujet et parent et vous servirai envers et contre tous et j'aurais le cœur bien dur, vu que je suis si prochain votre parent, si autrement je le faisais ! »

Puis, il remit de nouveau ses mains dans celles du roi et lui rendit hommage pour le comté de Montfort et la terre de Neauphle.

Le 2 mars le roi, après avoir été aux Montilslès-Tours [1], revint à Chinon. Il passa la plus grande partie de l'année 1446 à Razilly, maison de campagne, située à peu de distance de cette ville. Vers le mois de décembre seulement, il se rendit à Bourges.

Pendant qu'il était à Razilly, Charles VII reçut des ambassadeurs anglais, venus pour solliciter une prolongation de trève, qu'ils obtinrent.

Oubliant également la conduite coupable du dauphin à son égard, le roi lui donna cette année-là les châteaux de Guines et de Ribedoc.

Le 27 mai, il promulgua un édit ayant pour but d'établir que toute personne possédant tranquillement un emploi quelconque, depuis cinq ans, le gardera sa vie durant.

Deux jours après, il jugea un grand procès pendant depuis longtemps. Durant la détention du comte d'Armagnac, divers édits de confiscation avaient été portés contre lui. En sortant de prison, il réclama tout ce qui lui appartenait antérieurement, et qu'on lui avait retiré en vertu de ces

---

[1] Ce château devint célèbre plus tard. Reconstruit par Louis XI, il prit le nom de Plessis-lès-Tours, et reçut le dernier soupir de ce prince.

édits ; mais refusant de faire droit à cette demande, Charles VII donna, le 27 mai 1446, à Chinon, des lettres par lesquelles il déclarait que ni le comte d'Armagnac, ni aucun de ses héritiers, ne pourrait réclamer tout ou partie des biens tombés sous l'arrêt de confiscation.

Étienne Chevalier nous a conservé avec soin le récit d'un magnifique carrousel qui eut lieu vers la même époque aux environs de Chinon, à mi-chemin entre cette ville et Razilly. Nous lui empruntons les détails suivants :

Quatre gentilshommes, des plus nobles de Touraine et les mieux famés de la cour, entreprirent de garder un pas à force d'armes, et pour théâtre de leurs exploits, choisirent une plaine assez vaste, entre Chinon et Razilly. On travailla avec ardeur, et en peu de jours, un château magnifique, qui fut appelé le château de la Fidélité, s'éleva sur l'emplacement marqué pour l'emprise des quatre jouteurs. Une colonne fut érigée selon l'usage et ornée des écus des tenants, que tous ceux qui désiraient combattre venaient toucher. Il fut défendu à toute dame ou demoiselle de passer la *closture* ou *couture*, sans être accompagnée d'un chevalier prêt à rompre deux lances en son honneur; « *si elle n'auoit cheualier, elle debvoit concéder aux quatre gentilshommes tenants du pas, un gage que lesdits tenants du pas ne deuoient concéder qu'au cheualier preux et courtois qui le reprendroit de la part de ladicte damoyselle.* »

> « Dans le plus beau de la saison
> Entre Razilly et Chinon
> Deuant la gueule du dragon
> N'alloit dame ou damoyselle
> Sans noble homme et de renom
> Qui d'armes n'acquistat le nom
> Gan de main, ou ploit de menton
> D'elles prenait pour querelle
> Quatre nobles, lesquels nouuelle
> Emprise auoient d'armes telle
> Que nulle ioyeuse ou belle
> Ne passerait sans son amy
> Bonne, loyalle, sans cautelle
> Par qui ioye se renouuelle
> Sans rompre deux lances pour elle
> Contre son courtois enuemy. »

Grand nombre de chevaliers se préparèrent donc à s'aller éprouver dans ce tournois « pour honneur acquerre, et s'exerciter de plus en plus aux nobles faits d'armes. » Le jour venu, des tentes sont dressées à la Gueule du Dragon; à leur sommet flottent les pavillons de France, et la brise qui les agite, en élevant leurs pointes vers les cieux, semble, au dire d'Étienne, les vouloir porter jusqu'aux nues. Des pages, tenant une bannière aux armes de leur seigneur et revêtus d'un manteau aux couleurs de l'écu, entrent dans la lice; écuyers et damoiseaux se croisent en tous sens. Charles VII, donnant la main à Marie d'Anjou, salue le peuple qui répond par les cris mille fois répétés, de « Vive le roi ! vive la reine, notre noble dame ! Montjoie ! Montjoie ! » et le roi reprend en pleurant : « Oui, mes bien chers enfants, Montjoie ! Montjoie[1] ! »

On se place : debout, à l'entrée de la lice, les hérauts d'armes font retentir l'air du son des fifres, des tambours et des trompettes. Étienne Chevalier entre alors monté sur un cheval richement caparaçonné; aux quatre coins du velours, on lit cette légende :

Exaltabitur sicut unicornis cornu meum.

Agnès Sorel veut aussi pénétrer dans la *closture*. Sur la demande, où est votre preux? elle

---

[1] Montjoie signifie, en vieux français, moult joie ou grande joie.

désigne Étienne, qui s'incline avec joie, et se relève avec fierté. Une dame d'une grande beauté ne tarde pas à paraître : c'est Jeanne de Laval, fille de Guy XIV, comte de Laval ; un chevalier monté sur un coursier caparaçonné de noir l'accompagne ; les armes du chevalier sont noires, son écu est *de sable semé de larmes d'argent ;* sa devise, dont le corps est un réchaud ou chaufferette, porte : « *d'ardent désir ;* » un panache de couleur sombre flotte sur son casque d'acier poli ; il touche l'écu des quatre gentilshommes tenant l'emprise, les appelle au combat et

> « Armé tout noir obscurément
> Fut de houssure pareillement
> Et d'armes fit tant largement
> Que le prix on lui envoya. »

Or ce chevalier n'était autre que René d'Anjou, roi de Sicile et duc de Bar, qui, après avoir perdu le royaume de Naples, apprenant les joutes qui allaient avoir lieu près de Chinon, s'y était rendu avec Isabeau de Lorraine, partagé entre l'espérance d'oublier ses chagrins et le désir de plaire à la belle Jeanne de Laval dont il était épris, et qu'il épousa plus tard, en secondes noces, après la mort d'Isabeau.

Ayant donc été proclamé vainqueur, comme l'indiquent les vers précités, René rentra au château, suivi de tous les tenants et assaillants, et y passa quelques jours. Agnès Sorel de son côté, dans l'impatience de revoir son ancienne protectrice, hâtait de tous ses vœux la fin du tournoi ; mais, hélas, Isabeau ne la reçut plus avec cet épanchement et cette douce familiarité qui avaient répandu tant de charme sur l'adolescence d'Agnès. La conduite de sa protégée, l'oubli qu'elle avait fait de sa pudeur, éloignèrent d'elle la reine de Sicile, qui lui pardonna d'autant moins qu'elle l'avait plus aimée et lui avait marqué plus d'estime et d'attachement.

Agnès ressentit une vive douleur de l'accueil glacial de la reine de Sicile ; elle versa des larmes amères au souvenir des bontés d'Isabeau, et se prit à regretter son ancienne vie, sans amour, mais aussi sans remords. Dans son chagrin, elle implora du roi la permission de quitter la cour. On comprend si cette permission lui fut accordée. Prières, larmes, désespoir, Charles employa tout pour retenir Agnès, et Charles réussit ; mais la dame de Beauté demeura sérieusement affectée de cet événement ; et son cœur lui indiqua le repos, l'absence et la solitude comme les seuls remèdes à ses maux. Ce fut sous l'empire de cette pensée, que certaines circonstances qu'elle prévoyait s'étant présentées, elle se vit malgré les vœux du roi contrainte de s'éloigner de lui.

Reprenons le récit des faits par ordre chronologique, nous raconterons plus tard les événements à leur date naturelle.

Peu de jours après, le roi de Sicile, abandonnant Chinon, se rendit à Saumur, puis traversa l'Anjou et regagna la Provence.

Agnès Sorel quitta aussi Chinon pour aller passer quelque temps à Loches, où le roi vint la voir.

On assure dans le pays, et à grand'peine on ôterait de l'esprit des simples et crédules paysans, que lorsque Charles allait à la chasse aux environs, il enfermait Agnès Sorel dans une grosse tour qu'on montre encore et qui est le seul vestige de cet antique et curieux manoir. D'aucuns prétendent que la jalousie était le motif de cette action ; mais, comme on l'a vu jusqu'ici, rien dans le caractère de Charles ne justifie une semblable assertion, d'autant plus que son amour pour celle qu'on surnomma plus tard *la Belle des Belles* allait toujours croissant, et qu'il ne pouvait plus vivre sans la voir.

Il lui fit présent de magnifiques diamants, et Agnès est, dit-on, la première femme en France qui en ait porté. Ce fait, si peu important en apparence, lui sucita des ennemis en plus grand nombre que sa beauté, ses charmes et l'ascendant qu'elle exerçait sur l'esprit du roi n'avaient pu jusque-là lui en faire.

Cette même année, Charles VII fit un voyage à Paris; il était suivi de la reine, de sa fille, madame Charlotte de France, et d'Agnès Sorel. L'entrée du roi dans la capitale de ses états donna lieu à de grandes réjouissances, et Agnès y parut, couverte de diamants. Cette conduite déplut aux bourgeois de Paris, qui reprochèrent au roi de conduire ainsi avec lui une femme qui ne pouvait avoir d'autre position, auprès de sa personne, que celle de sa concubine. Ils oubliaient que la demoiselle de Fromenteau était attachée à Marie d'Anjou, comme demoiselle d'honneur, et que c'était en cette qualité qu'elle suivait, non le roi, mais la reine.

Quoi qu'il en soit, ils proférèrent assez haut quelques murmures, qui offensèrent Agnès, et lui firent dire, dans un accès de dépit :

« Tous ces Parisiens ne sont que vilains, et si j'avais su qu'ils me dussent faire telle réception, je n'eusse jamais mis le pied dans leur ville ! »

Elle fut donc bien aise de retourner à Chinon, et se revit avec plaisir dans ces murs, témoins de ses premières amours.

Le dauphin était alors à Tours ; il vint à Chinon, et s'aperçut que, contre son attente, au lieu de diminuer avec le temps, l'amour de son père pour Agnès ne faisait que s'enraciner davantage, et que, de jour en jour, celle-ci prenait plus d'empire. Louis souffrait impatiemment de voir une femme qu'il abhorrait, maîtresse du cœur et de l'esprit du roi. Des rapports lui avaient appris d'ailleurs que, dans maintes circonstances, Agnès Sorel avait dévoilé à son royal amant les perfides desseins de son fils ; et comme il méditait dès lors de lever de nouveau l'étendard de la révolte, il craignit que madame de Beauté, dont la sagacité était généralement reconnue, ne vînt contrecarrer ses projets ; il résolut, en conséquence, de ne rien épargner pour saper son crédit.

L'occasion, si impatiemment attendue, ne tarda pas à se présenter.

Louis sollicitait de son père un emploi pour un des seigneurs sur lesquels il comptait le plus ; mais le roi, qui avait appris par expérience à se défier de son fils, le lui refusa, pour l'accorder au seigneur de Saint-Géran, frère d'Agnès.

De cet instant, la rage du dauphin ne connut plus de bornes ; il prit le parti de mettre tout en œuvre pour détruire un empire qui menaçait sérieusement son pouvoir.

En conséquence, il fit appeler chez lui le comte de Dammartin, Antoine de Chabannes, et lui fit part du plan qu'il avait formé pour nuire à la demoiselle de Fromenteau.

Il ne s'agissait de rien moins que d'exciter la jalousie du roi contre elle, et pour y parvenir, le comte de Dammartin devait, suivant les vues de Louis, s'efforcer, par tous les moyens possibles, de plaire à Agnès Sorel, et de l'entraîner à manquer à la fidélité que sa bouche avait si souvent jurée au roi.

Antoine de Chabannes frémit à l'idée d'une tentative aussi hardie ; car, s'il échouait dans ses démarches, madame de Beauté ne manquerait pas de se plaindre au roi, et d'exiger de Charles le bannissement de celui qui aspirait à devenir son rival. Si, au contraire, il voyait ses efforts couronnés de succès, que n'avait-il pas à craindre de la colère d'un maître, qui, blessé dans le plus profond de son cœur, ne manquerait pas de punir, des peines les plus sévères, l'audacieux qui en aurait été la cause première.

Comment s'y prendrait-il pour conduire sa barque entre deux écueils semblables, sans la briser à l'un d'eux ?

D'un autre côté, s'il refusait au dauphin sa coopération dans cette œuvre, il perdait sa confiance, et tout espoir de jamais rentrer en grâce auprès de lui.

Qui sait même, pensait-il, si monseigneur Louis, après un refus de la sorte, consentira à ce qu'une bouche, qui peut parler, reste encore dépositaire de son secret !

Quelque part que le comte de Chabannes jetât les yeux, dans cette pénible circonstance, il n'apercevait de tous côtés que précipices et dangereux écueils.

Après de mûres réflexions, il prit le parti d'obéir, se livrant en aveugle à la fortune.

A dater de ce moment, Agnès fut, de sa part, l'objet d'attentions et d'hommages, qu'il n'avait pas, jusque-là, songé à lui adresser. A table, à la promenade, à la chasse; le matin, le soir, à tout instant, en tous lieux, il était là, près d'elle.

Il donna de plus ordre à l'un de ses pages de suivre Agnès, et d'observer avec soin ses moindres démarches; car, à vrai dire, le comte de Dammartin, peu amoureux de celle qu'il cherchait à séduire, eût été assez vivement satisfait de découvrir que pour perdre Agnès, il n'était pas besoin qu'elle se rendît à lui, un autre lui épargnant à la fois et ce plaisir et ce danger.

Mais le page revenait chaque soir annoncer à son maître qu'il n'avait rien vu, rien appris; qu'il savait, à n'en pouvoir douter, que le secrétaire du roi, messire Étienne Chevalier, était épris des charmes de la Belle des belles; qu'en conséquence, il l'avait observé avec le plus grand soin, toujours inutilement. Aussitôt qu'Etienne approchait de mademoiselle de Fromenteau, c'était avec un respect qui écartait toute pensée de familiarité entre eux. Le comte de Dammartin dut donc se résoudre, quoiqu'à regret, à tenter l'aventure, n'abordant qu'avec crainte ce qu'un autre eût tout donné pour obtenir. Résolu de brusquer l'événement, il suivit Agnès, et l'ayant un jour trouvée seule, dans le parc, assise sur un banc de pierre, à l'abri d'une charmille, et lisant quelques vers d'Alain Chartier, il s'approcha d'elle, et se jetant à ses genoux, lui fit une déclaration d'amour, qu'il s'efforça de rendre la plus passionnée possible.

Agnès se leva aussitôt, et pria messire Antoine de Chabannes de cesser ses discours, et de se retirer ; mais celui-ci, à force de répéter à madame de Beauté qu'il l'aimait, avait fini par se le persuader, de sorte qu'au lieu d'obéir à l'injonction qui lui était faite, il saisit, et pressa sur son cœur, la main d'Agnès, qu'elle retira en courroux.

« Laissez-moi, messire de Dammartin, s'écria-t-elle ; laissez-moi, ou je vais me plaindre au roi d'obsessions qui commencent à m'importuner ! »

Antoine de Chabannes, sans tenir aucun compte de cette menace, courut après Agnès, qui tentait de s'échapper, et glissant un bras autour de sa taille, il approcha ses lèvres de celles de madame de Beauté. Se dégageant par un violent effort, Agnès se mit à fuir en toute hâte, dans la direction du château.

A peine avait-elle fait quelques pas, qu'elle vit le roi devant elle.

« Sauvez-moi, sire, s'écria-t-elle, en se jetant dans ses bras ; sauvez-moi de messire de Chabannes, qui vient de m'outrager. »

Charles s'enquit d'Agnès de la cause de son trouble ; puis, ayant fait venir le comte de Dammartin en sa présence, il lui ordonna de sortir, sous deux fois vingt-quatre heures, du château de Chinon, et lui interdit de jamais reparaître devant lui.

Le sire de Chabannes se retira fort confus, et monta à l'appartement du dauphin, lui rendre compte du non-succès de son entreprise, et du châtiment que le roi lui imposait. Louis entra dans une violente colère en entendant ces détails, et sa rage contre Agnès ne connut plus de bornes. Il consola cependant le comte de Dammartin, en lui promettant sa médiation auprès de Charles VII, et alla même jusqu'à lui affirmer que si dans deux jours madame de Beauté était encore à Chinon, il en sortirait lui-même, pour se retirer dans ses états de Dauphiné. Il descendit donc chez le roi, où il trouva la belle Agnès encore tout émue de la scène qui venait de se passer. Le dauphin eut avec son père, et au sujet de celle-ci, une assez vive altercation ; il demanda à Charles le pardon d'Antoine de Chabannes; mais le roi étant demeuré inflexible, Louis, outré de colère, s'écria :

« Par la Pâques-Dieu, sire, cette fille est cause de toutes nos querelles, c'est elle qui vient ici semer la discorde, et sa témérité mérite châtiment. »

A ces mots, s'approchant d'elle, le dauphin lui donna un soufflet, qui vint retentir jusque dans le cœur du roi ; Charles s'élança vers Louis et lui mit avec tant de force les mains sur les épaules qu'il le fit tomber à genoux..... Agnès se précipita aux pieds du roi, en le priant de pardonner à son fils. Cette grandeur d'âme au lieu de toucher le cœur froid et égoïste du dauphin, ne fit que l'irriter davantage. Le roi lui donna ordre alors de sortir à l'instant de sa présence et d'imiter l'exemple de son protégé, en quittant sous deux jours la résidence de Chinon.

Agnès s'apercevant de la haine qu'elle inspirait à ceux qui, après avoir tenté de lui plaire, n'avaient pu y parvenir; à ceux dont le pouvoir se trouvait balancé ou surpassé par le sien; à ceux que, n'en jugeant pas dignes, elle avait refusé d'appuyer; à ceux enfin qui, ayant éprouvé son désir d'obliger, préféraient ne pas s'en souvenir; comprenant de plus qu'elle était une cause de discorde entre le père et le fils, Agnès se détermina à quitter la cour pour se retirer à Beaulieu. Une fois qu'elle eut pris ce parti, ni les prières du roi, ni les instances de Marie d'Anjou elle-même ne furent capables de l'arrêter un instant [1].

Ce fut en vain que Charles la conjura dans les termes les plus pressants, de renoncer à un projet qui le réduisait au désespoir.

« Non, Sire, disait-elle, dix-sept années passées auprès de vous m'ont fait trop d'ennemis.

---

[1] La conduite générale de Marie d'Anjou, à l'égard d'Agnès Sorel, s'explique aisément. Cette princesse prévoyait que si le roi perdait madame de Beauté, il chercherait une autre affection, et l'objet de ce nouvel amour, au lieu d'user de son empire, comme Agnès, pour le bien du roi et de l'État, ne devait vraisemblablement le faire tourner qu'à son profit personnel et à celui de ses créatures.

Rendez à ceux qui me haïssent une faveur dont ils se montrent si envieux; quant à moi, l'assurance que votre cœur me reste est tout ce que je désire, et je n'aurai plus aucun vœu à former sur la terre, si je puis me dire que votre pensée me suit quelquefois dans ma retraite! »

Agnès quitta donc Chinon, à la grande joie de tous les ambitieux courtisans de Charles, qui donnèrent aussitôt l'essor aux espérances qu'ils avaient vues si souvent frustrées.

Tandis que la politique remplissait tous les moments de ceux qui aspiraient au titre de favori, Agnès Sorel vivait retirée à Beaulieu, près de Loches, s'occupant d'œuvres de bienfaisance et d'actions pieuses. Quelqu'excusable qu'il fût, son amour pour le roi était coupable; Agnès l'avait compris, le repentir était entré dans son âme, non un repentir fastueux, mais simple et naturel comme son amour même.

Sa journée était employée à visiter la chaumière du pauvre, consoler l'infortune, encourager ceux qui trouvaient trop pesant le fardeau de la destinée. Combien de fois sa main libérale ne s'ouvrit-elle pas au récit du malheur! Combien souvent son pied ne franchit-il pas le seuil de la misère pour verser dans l'âme du malheureux les consolations et les conseils d'une amie !

Partout où s'ouvrait une plaie à cicatriser, partout où retentissaient des sanglots, partout où il y avait des larmes à essuyer, on était certain de voir accourir Agnès.

La plus grande partie de son revenu était consacrée à de pieuses bienfaisances ; elle apprenait à lire aux enfants, à souffrir aux vieillards. Jamais sa bonté, sa grâce, sa douceur ne se démentaient ; à chacun elle parlait son langage, riant avec l'enfance, souriant avec l'âge mûr, soupirant avec la vieillesse.

Cependant Agnès éprouvait une indicible tristesse. Sans regretter le passé, le présent ne remplissait plus son âme ; elle ressentait une de ces mélancolies vagues, pénétrantes, insaisissables, dont on ne saurait se rendre compte, dont on ignore le motif, et que pourtant on ne saurait fuir. Son cœur s'était flétri au souvenir de l'ingratitude qu'elle avait éprouvée ; elle errait dans la campagne, non plus, comme jadis, le cœur plein d'espérances et de douces pensées ; l'illusion avait fui ses pas ;

de tristes et douloureux souvenirs l'escortaient seuls dans les bois qu'elle foulait d'un pied inquiet, tandis que, poursuivi par la politique et les soucis du trône, son royal amant résidait à Tours.

CHAPITRE VII.

Charles VII en Normandie. — Agnès Sorel se rend au château de Mesnil-la-Belle, près de Jumiéges. — Sa mort. — Son épitaphe, son tombeau. — Vers faits en son honneur. — Douleur d'Étienne Chevalier. — Poésie de Baïf.

—

Vers le même temps, Charles apprit la prise de Fougères, ville du domaine du duc de Bretagne, et dont les Anglais venaient de s'emparer. En entendant cette nouvelle, au lieu de se diriger vers Bourges, comme telle était son intention dans le principe, le roi revint à Chinon.

De retour dans cette résidence, Charles envoya monseigneur de Cullant, son grand maître d'hôtel, maître Guillaume Cousinet, conseiller, et Pierre de Fontenay, au duc de Sommerset, gouverneur de Normandie, pour le sommer de rendre Fougères. Celui-ci répondit qu'il désavouait ceux qui l'avaient prise, mais qu'il ne la rendrait pas.

Sur ces entrefaites, on reçut à Chinon des ambassadeurs du duc de Bretagne, le sire de Greumy, son chancelier, et l'évêque de Rennes, pour requérir du roi de France, en qualité de suzerain, qu'il lui prêtât secours.

Charles répondit qu'il venait d'envoyer au roi d'Angleterre son écuyer tranchant, Jehan Havart, et qu'il devait attendre sa réponse; que si elle n'était pas favorable, il promettait son aide au duc de Bretagne.

Maître Jehan Havart ne tarda pas à rapporter la réponse du roi d'Angleterre, et celle-ci ayant été jugée peu satisfaisante, le roi envoya le même ambassadeur au duc de Bretagne, qui renouvela tous ses serments de fidélité. Charles alors remplit sa promesse.

On prit aux Anglais Louviers, Gerberoy, Conches et Saint-Maigrin, dont les soldats sortirent de la ville, *un bâton seulement en leur poing*. Le roi d'Angleterre envoya à Chinon un poursuivant pour réclamer contre la prise de ces places; mais l'envoyé s'en retourna sans avoir rien obtenu. Le duc de Sommerset et Talbot firent de leur côté des représentations au roi, qui répondit que les villes en question leur seraient restituées, lorsqu'ils remettraient Fougères au duc de Bretagne.

Le 6 août, le roi quitta Chinon et se rendit à Amboise ; de là, à Châteauneuf-en-Thunières, puis à Évreux, et le lendemain à Louviers, tandis que le duc de Bretagne, François, accompagné de son oncle, le connétable de Richemont, entra en Normandie et prit, au mois de septembre, la ville de Coutances.

Pendant que le roi, le duc François et Arthus de Richemont bataillaient ainsi en Normandie contre les armées anglaises, Agnès passait son temps à Beaulieu, dans la pénitence et le recueillement. Étienne Chevalier venait souvent de la part de Charles s'informer de ce qu'elle pouvait désirer et de l'état de sa santé. Enfin, un matin, le secrétaire du roi demanda à parler en secret à la demoiselle de Fromenteau.

Aussitôt qu'il entra dans la chambre où se tenait Agnès, Étienne jeta autour de lui un regard mystérieusement inquisiteur, s'assura ne pouvoir être entendu, et annonça enfin à la Belle des Belles qu'il allait lui communiquer un important secret, d'où dépendait la vie du roi, et peut-être la sienne. Pressé de s'expliquer, il confia à Agnès qu'il revenait d'auprès du Dauphin, où le roi l'avait envoyé, chargé d'une mission particulière; que là, il avait, par diverses paroles échappées aux confidents des projets de Louis, découvert le plan d'une conspiration tramée par le Dauphin lui-même contre son père; que, n'osant se poser en accusateur du fils du roi, il s'était résolu à venir tout dévoiler à mademoiselle de Fromenteau et lui demander ce qu'il y avait à faire dans cette occurrence.

Agnès Sorel remercia Étienne Chevalier de cette confidence, et lui répondit que, sans le compromettre, elle se chargeait de tout dénoncer au roi; qu'elle allait quitter Beaulieu et se rendre en personne auprès de Charles; qu'ainsi elle espérait déjouer les criminelles combinaisons des conspirateurs.

Effectivement, elle abandonna, le 1er janvier

1449, la retraite où elle vivait depuis longtemps, et arriva en Normandie, au château de Mesnil-la-Belle, près de Jumiéges, le 7 du même mois. Elle fit aussitôt savoir au roi, qui était à l'abbaye de Jumiéges, qu'elle désirait vivement lui parler le plus tôt possible.

A cette nouvelle, Charles se mit immédiatement en route; mais, hélas! quand il arriva au Mesnil, il trouva sa chère Agnès près de rendre le dernier soupir. Elle venait d'être attaquée d'une dyssenterie qui l'avait en quelques heures mise aux portes du tombeau.

Peindre la douleur du roi à la vue de sa bien-aimée mourante serait au-dessus de nos forces. Là, sur ce lit de douleur, allait s'éteindre un amour qui datait de vingt ans; là, allait s'envoler le génie protecteur de son existence; Charles versait des larmes amères. Agnès, qui avait un instant perdu connaissance, revint à elle au bruit des sanglots qui brisaient la poitrine de son amant; elle l'encouragea, le consola.

« Las! las! s'écriait le roi, mourir si jeune! »

— « Si jeune, reprit Agnès, oh! non, sire, j'ai passé quarante années dans ce monde, je suis mûre pour l'autre, et dites-moi, quand l'épi est jaune et doré, qu'importe qu'il soit coupé par la faulx du moisonneur ou ramassé par la main tardive de la glaneuse! »

Cependant ses souffrances augmentaient d'instant en instant, mais la douleur ne lui arracha pas une plainte, pas un murmure ; elle demanda les sacrements qu'elle reçut avec les plus vifs sentiments de dévotion ; puis elle se fit apporter son livre d'Heures et lut quelques passages de saint Bernard qu'elle y avait écrits de sa main. Elle n'oublia pas non plus ceux qui devaient lui survivre, et laissa par son testament, tant en aumônes qu'en gratifications pour ses serviteurs, la somme de soixante mille écus. Ses exécuteurs testamentaires furent Jacques Cœur, conseiller, argentier du roi, maître Robert Poitevin, médecin, et Étienne Chevalier, ordonnant [1] que le « *roy seul*

---

[1] Alain Chartier soutient qu'Agnès Sorel ne fut pas la maîtresse de Charles VII; malheureusement les raisonnements qu'il produit à l'appui de cette assertion ne sont nullement décisifs. Il prétend, par exemple, que durant tout le temps qu'Agnès fut demoiselle d'honneur de Marie d'Anjou, le roi ne cessa pas de coucher avec la reine et d'en avoir de beaux enfants. Personne n'a prétendu le contraire, ce me semble, et le raisonnement d'Alain Chartier est étrangement naïf.

et pour le tout fust par dessus les trois susdits. »

Puis, sentant son état empirer, Agnès fit venir près de son lit le seigneur de Tancarville, madame la sénéchale de Poitou, Gouffier, écuyer du roi, et toutes les demoiselles qui étaient à son service : elle leur fit alors quelques leçons de morale en leur disant : « *C'est peu de chose et orde et vile de nostre fragilité.* » Demandant ensuite Denys Augustin, son confesseur, elle sollicita de lui l'absolution de la *peine et coulpe*.

Quelques instants avant sa mort, les douleurs semblèrent l'abandonner ; elle n'avait plus la force de souffrir, et jetant un grand cri, elle invoqua Dieu et la vierge Marie, et rendit le dernier soupir le mardi 9 février 1449, à six heures du soir, âgée d'environ quarante ans.

On pensa que cette mort ne devait pas être naturelle, et le Dauphin fut accusé d'avoir fait empoisonner Agnès, soit par vengeance, soit pour l'empêcher de dévoiler au roi ce qu'elle venait lui apprendre. Sans doute, si l'empoisonnement était clairement prouvé, nous ne douterions pas que le coupable ne fût le fils du roi ; mais le fait en lui-même n'est nullement avéré, et pour ce qui nous regarde, nous n'y croyons pas.

Jacques Cœur ne fut point à l'abri des soupçons, et Jeanne de Vendôme, épouse de François de Montberon, seigneur de Mortagne-sur-Gironde, se rendit son accusatrice; mais, outre qu'Agnès l'avait choisi pour exécuteur testamentaire, ce qui militait hautement en sa faveur, les charges ayant été déclarées nulles, il fut acquitté, et la dame de Mortagne condamnée à lui faire amende honorable. De plus, « *pour son mensonge fust bannie de l'hostel du roy.* »

Le cœur et les entrailles d'Agnès Sorel furent déposés à l'abbaye de Jumiéges, dont les moines, dit-on, ne jugeant pas convenable de graver sur la pierre qui contenait ces restes, dans l'intérieur du sanctuaire, le portrait d'une femme, ne consentirent à y placer son image, que sous la condition qu'elle serait revêtue du costume de religieux jémégien, ce qui eut effectivement lieu. Un froc cacha les formes sveltes d'Agnès, dont les traits furent encadrés du capuchon monastique. Nous ne garantissons, du reste, en aucune façon l'authenticité de ces détails que nous avons lus quelque part.

Son corps fut, suivant son désir, transporté et inhumé en la chapelle collégiale de Loches qu'elle avait comblée de bienfaits.

Les chanoines, cependant, oublieux de ses libéralités, demandèrent plus tard à Louis XI l'autorisation de retirer le tombeau d'Agnès Sorel, qui les embarrassait :

« J'y consens, répondit Louis XI, mais rendez d'abord ce que la demoiselle de Fromenteau vous a donné [1] ! »

Le mausolée d'Agnès Sorel, placé dans le milieu du chœur de l'église collégiale de Loches, était de marbre noir ; dessus se trouvait sa figure en marbre blanc, deux anges tenaient le coussin sur lequel reposait sa tête, et deux agneaux, symboles de la douceur de son caractère, étaient à ses pieds. On lisait autour de son tombeau l'épitaphe suivante, gravée en lettres gothiques :

---

[1] On a attribué cette démarche au désir de caresser la haine de Louis XI pour Agnès ; mais nous ferons observer que de nouvelles réclamations furent plusieurs fois, dans la suite, adressées aux successeurs de ce prince, et qu'une telle demande ne pouvait ni les flatter, ni les blesser.

Cy gist noble Damoyselle Agnès de Seurelle, en son vivant, dame de Beaulté, de Roquecisière, d'Issoudun et de Vernon-sur-Seine : piteuse envers toutes gens et qui largement donnoit de ses biens aux Eglises et aux pauvres ; laquelle trespassa le neuvième iour de febvrier, l'an de grace

M. CCCC. XLIX.

Priez Dieu pour le repos de l'ame d'elle.
Amen.

Au frontispice du tombeau étaient inscrits les vers latins suivants :

« Fulgor Apollineus rutilantis luxque Dianæ,
Quam jubaris radii clarificare solent,
Nunc tegit ops, et opem negat atrox Iridis arcus,
Dum furiæ primæ tela superveniunt.
Nunc elegis dictare decet, planctuque sonoro,
Lætitiam pellat turtureus gemetus.
Libera dum quondam quem subveniebat egenis,
Ecclesiisque, modo cogitur ægra mori.
O mors sæva nimis, quæ jam juvenilibus annis
Abstulit à terris membra serena suis.
Manibus ad tumulum cuncti celebretis honores,
Effundendo preces, quas nisi Parca sinit ;
Quæ titulis decorata fuit, decoratur amictu,
In laudis titulum picta Ducissa facit.
Occubuere simul sensus, species et honestas,
Dum decor Agnetis occubuisse datur.

> Solas virtutes, meritum, famamque relinquens,
> Corpus cum specie mors miseranda rapit.
> Præmia sunt mortis, luctusque querimoniæ, tellus;
> Huic ergo celebres fundite, quæso, preces. »

Sur une table de marbre élevée derrière la tête de la statue et que cachait le lutrin on lisait vingt autres vers latins. Ils contenaient l'éloge d'Agnès et ne laissaient aucun doute que ses entrailles ne fussent inhumées dans l'abbaye de Jumiéges. Les voici :

> « Hic jacet in tomba, simplex mitisque columba.
> Candidior cignis, flamma rubicandior ignis,
> Agnis pulchra nimis, terræ latitur in imis.
> Ut flores veris facies hujus mulieris,
> Belaltæque donum, nemus adstans Vincenuiarum
> Rexit et à specie nomen suscepit utrumque.
> Sereriamque Roquam, Vernonis et utique gentem
> Ac Issoldunum regimen dedit omnibus unum.
> Alloquis mitis, compescens scandala litis,
> Ecclesiisque dabat et egenos sponte fovebat.
> Illi Seurellæ cognomen erat domicillæ.
> Et non miretur quis, si species decoretur
> Ipsius, est ipsa quoniam depicta Ducissa
> Hoc factum sponte certà ratione movente
> Pro laudum titulis, meritorum sive libellis.
> Hic corpus : reliqua sunt gemejicis inhumata
> Illam cum sanctis in chronis vita perennis.
> Mille quadragintes quadraginta novem tulit annis,
> Nonâ die mensis hanc abstulit inde secundi,
> Palmis extensis, transivit ab ordine mundi. »

Enfin, au-dessus de la ballustrade du sanctuaire du côté de la sacristie, se trouvaient attachées deux tables de cuivre. Sur l'une d'elles étaient gravés les mêmes vers que sur la table de marbre près du lutrin, et sur l'autre, des vers acrostiches qui n'ont rien de remarquable, mais que nous donnons ici comme objet de curiosité et comme concourant à compléter les détails que nous fournissons sur Agnès Sorel.

Astra petit rio	} lis	Agnis redimitaque flo	} re
Grato celico		Hanc credo vigere deco	
Nulla sub æthere	} o	Thalamo permansit ima	} go
Ejus namque De		Placuit sublimis ori	
Simples alloqui	} is	Et egenis subvenien	} do
Sacris ecclesi		Et libera muneradan	
Eripuit pari	} ter	Animam mors atque cruo	} rem
Venarum peri		Solitum prestare deco	
Rexit verno	} nis	Issolduni quoque gen	} tem
Effleat hinc om		Ipsam populus morien	
Limina Belal	} tam	Vincennarum comitan	} tem
Læta per hanc vi		Tenuit turrim resonan	
Et Roquesereri	} a	Fuit illi subdita ju	} re
Illi propiti		Sic virginis optio pu	
Quam pingi volu	} it	Ratio de jure Ducis	} sam
Nam titulis decu		Ornari talibus ip	
Anno mille	} no	Nono simul et quadrage	} no
Cum quadraginte		Decessit ab ore sere	
Nona Dies febru	} i	Vitam cum sanguine mo	} vit
Prosint spiritu		Qua sæpe precamina vo	

Et si defunctæ novem cognoscere cu- \
Metrorum primas tredecim conjunge figu- } ras
Framma Rubi Moysi Synaï, Mons, janua cœl- \
Astrea, Lucifera Virgo, memento me

Néanmoins les chanoines de l'église de Loches représentèrent plus tard à Louis XVI, par l'organe de M. l'abbé de Baraudin, leur doyen, que le tombeau d'Agnès, extrêmement grand et massif, gênait les cérémonies du culte, et qu'ils ne croyaient pas manquer à la mémoire de leur protectrice, en transférant ses restes dans une partie de l'église, tout enrichie de magnifiques sculptures.

En conséquence le roi donna l'ordre d'exhumer les dépouilles de la *Belle des Belles* et de les inhumer de nouveau dans une autre chapelle de la Collégiale.

Nous rapportons ici le procès-verbal de translation.

. . . .

« Lesquels en conséquence de la permission qui leur a été accordée par Sa Majesté, suivant la lettre de M. Amelot, ministre et secrétaire d'état, du 22 février dernier, d'ôter le tombeau d'Agnès

Sorel du chœur de leur église, où il gêne le service divin ; et du pouvoir de Mgr l'archevêque de Tours, consigné dans sa lettre écrite aux susdits sieurs du chapitre, du 23 dudit mois, qui les autorise à transférer ce tombeau dans un lieu convenable de leur église, et constater les ossements, médailles et autres effets qui pourraient s'y trouver, et faire l'exhumation desdits ossements et les transférer avec décence dans le nouvel emplacement, pour en être dressé procès-verbal à porte close, en présence de personnes notables qui y seront invitées ; ont fait procéder à l'exhumation des ossements et cendres de ladite Agnès Sorel, et au transport du tombeau qui lui a été érigé dans le chœur de ladite église collégiale ainsi qu'il suit, en présence de maître Jacques-François Majaud de Bois-Lambert, Chevalier, seigneur de Razay, Courtay et autres lieux, chevalier de l'ordre royal et militaire de Saint-Louis, etc., etc., etc.,.... notables invités à cet effet.

Ledit tombeau en marbre noir, qui couvrait la sépulture d'Agnès Sorel, a été porté dans la nef de ladite église ; ensuite on a percé un caveau, qui était sous ledit tombeau, et qui avait sept pieds de longueur, deux pieds quatre pouces de largeur d'un bout, un pied dix pouces de l'autre, et trois pieds de profondeur sous sa voûte en pierre tendre ; il s'y est trouvé un premier cercueil de bois, un second de plomb et un troisième de bois renfermé dans les deux premiers, et tous les trois pourris, à l'exception de quelques lames de plomb en partie consumées ; dans lequel troisième cercueil étaient la mâchoire inférieure, les dents bien conservées, les cheveux absolument sains, comme ceux d'un cadavre récent, et le reste du corps en cendre. Suivant l'explication qui en a été présentement donnée par ledit sieur Henri, docteur en médecine, il ne s'y est trouvé aucuns effets, inscriptions ni médailles. Lesdits ossements, chevelure et cendres, ont été ramassés avec soin, placés dans une urne ou pot de grès couvert d'une brique, et transférés processionnellement sous ledit tombeau de marbre noir, que lesdits sieurs du chapitre ont fait réédifier à l'instant dans ladite nef, à main droite en entrant ; et ensuite lesdits sieurs du chapitre ont chanté les suffrages des morts, pour le repos de l'âme de ladite Agnès Sorel.

Dont a été dressé, etc. . . . . »

Pendant la révolution, les restes d'Agnès furent profanés comme ceux de nos rois, et sous la Restauration le mausolée fut rétabli et placé dans la tour du château de Loches, dans cette tour qui, depuis tant de siècles, portait le nom d'Agnès; on inscrivit sur la pierre l'épitaphe suivante :

« Je suis Agnès, vive France et l'amour ! »

Épitaphe parfaitement inconvenante et peu grammaticale. Jamais on n'avait écrit le mot *vive* sur le trône de la mort !

Après la mort de sa bien-aimée Agnès, le roi fit venir mademoiselle Antoinette de Maignelais; et, poursuivant ses premiers desseins, la maria l'année suivante à André, baron de Villequier, seigneur de Saint-Sauveur-le-Vicomte : les chroniques prétendent que celle-ci étant devenue veuve en 1454, elle consola en partie le roi de la perte d'Agnès Sorel.

Quant au fidèle Étienne Chevalier, bien qu'évidemment il n'ait obtenu d'Agnès que des égards, qui pourrait douter que son cœur n'ait éprouvé un tendre sentiment pour celle qu'il voyait constamment, alors que ceux qui ne faisaient que lui parler étaient tous, à la première vue, épris de ses charmes et de ses discours. Toujours est-il qu'à la mort de mademoiselle de Fromenteau, il fit graver sur une pierre, dans la maison qu'il possédait à Paris, rue de la Verrerie, le rébus dont nous avons parlé plus haut, puis sur une porte : *Rien sur L n'a regard*, faisant allusion au nom de Seurelle ou Surelle, et un peu plus loin un E entouré d'une cordelière, marque de veuvage [1].

Ces faits ne nous prouvent pas invinciblement son amour pour Agnès; aussi laissons-nous à chacun la juste appréciation de leur valeur; ils établissent au moins d'une manière indubitable le penchant d'Étienne Chevalier pour les rébus, jeu d'esprit fort à la mode de ce temps. Charles VII lui-même, avant sa liaison avec la dame de Beauté, aimant une jeune fille nommée Cassinelle, prit pour devise un K, un cigne et une L.

On prétendait encore qu'Agnès, soit avec Antoine de Dammartin, soit avec Étienne, avait manqué à sa fidélité envers le roi. Quelques

---

[1] Ceci du reste ne prouve rien; car la cordelière ne devint un signe de veuvage qu'à la mort de Charles VIII, où sa femme Anne de Bretagne adopta cet insigne.

historiens même vont jusqu'à soutenir que le roi ne fut pas son amant. Nous avons cité en note le passage d'Alain Chartier à ce sujet, qui porte en lui-même sa réfutation.

Nous ne pouvons résister au désir de terminer ce chapitre par le petit poëme de Baïf sur Agnès Sorel. Le parfum de naïveté qu'on respire à chaque vers dans cet écrit le rend digne de toute notre attention.

AU SEIGNEUR SOREL.

Sorel, à qui pourroit venir plus agréable
Ceste ryme qu'à toy, né du sang amiable
Dont Sorelle sortit, qui me donne argument
Quand je vois sa demeure après son monument.
Je scay, tu l'aimeras; car ta race honorée
Reluit de la beaulté d'un grand roy désirée.
Puis (si j'ai quelque force) on verra vivre icy
Et Sorelle et Sorel dont mon ame a soucy.
C'est icy le Mesnil qui encore se nomme
Du nom d'Agnès la Belle, et qu'encore on renomme
Pour l'amour d'un roy Charles et pour la mort aussy
D'Agnès qui lui causa cet amoureulx soucy.
Ici l'air gracieux et les ombres segrettes
Témoignent aujourd'hui leurs vieilles amourettes;
Le manoir désolé témoigne un déconfort
Comme plaignant tousiours la trop hastive mort :
Quand le dernier soupir sortit d'Agnès Sorelle,
Qui pour sa beaulté grande eut le surnom de Belle

AGNÈS SOREL.

Et put tant mériter, pour sa perfection
Que de gagner à soy d'un roy l'affection!
Ce roy, comme un Pâris, affolé d'une Hélène
Du feu chaud de l'amour portant son ame pleine
Estimoit presque moins perdre sa royaulté
Que de sa douce amie éloigner la beauté!
Ce roy, bien que l'Anglois troublast tout son royaume
Jamais qu'à contre-cœur n'affubloit le heaume,
Volontiers nonchalant de son peuple et de soy
Pour mieulx faire l'amour eust quitté d'estre roy,
Content d'estre berger avecque sa bergère;
Ce qu'en troubles si grands ne pouvait du tout faire,
Autant qu'il le pouvoit fuyant toute grandeur
Il se desrobe aux siens et ne veut plus grand heur,
Mais que sa belle Agnès ou l'embrasse ou le baise
Ou d'amoureux devis l'entretienne à son aise.
Tant peut une beauté depuis qu'amour vainqueur
(Voire aux plus braves rois) l'empreint dedans le cœur!
Soudain un bruit courut qu'une molle paresse
L'attachoit au giron d'une belle maîtresse,
Par qui, de son bon gré, souffroit d'estre mené
Ayant perdu le cœur du tout efféminé.
Agnès ne peut celer en son courage digne
De l'amitié d'un roy reproche tant indigne;
Mais comme la faconde et la grâce elle avoit
L'advertit en ces mots du bruit qui s'esmouvoit.
« Syre, puisqu'il vous plaît me faire tant de grâce
Que loger vostre amour en personne si basse,
Sire, pardonnez-moi, s'il me faut présumer
Tant sur vostre amitié, que j'ose vous aimer;
Vous aimant, je ne puis souffrir que l'on médise
De vostre majesté; que, pour estre surprise
De l'amour d'une femme, on l'accuse d'avoir
Mis en oubly d'un roy, l'honneur et le devoir.
Doncques, sire, armez-vous, armez vos gens de guerre,
Délivrez vos subjects, chassez de vostre terre

Vostre vieil enemy. Lors, bienheureuse moy
Qui auray la faveur d'un magnanime roy
D'un roy victorieulx estant la bien aimée
Je seray pour jamais des François estimée !
Si l'honneur ne vous peut de l'amour divertir
Vous puisse au moins l'amour de l'honneur avertir ! »
Elle tint ce propos et sa voix amoureuse
Du gentil roy toucha la vertu généreuse
Qui longtemps, comme éteinte en son cœur croupissoit
Sous la flamme d'amour qui trop l'assoupissoit.
A la fin, la vertu s'enflamma renforcée
Par le mesme flambeau qui l'avoit effacée !
Ainsi jadis amour dompta bien Achilles
Et dompta bien aussi l'indomptable Hercules.
Mais après, les Troyens sentirent leur puissance :
L'un de son amy mort fit cruelle vengeance ;
L'autre à Laomédon apprit qu'il ne devoit
Souiller la saincte foy que promise il avoit !
Ainsi l'amour du roy n'empescha que la gloire
De l'Anglois ne perist : car dès lors la victoire
Qui d'un vol incertain varioit çà et là
Se déclarant pour nous, plus vers eux ne vola.
Et depuis qu'il s'arma, peu à peu, toute France
Se remit sous le joug de son obéissance !
Voyant de nouveau dans ses mains réduit
Les Normands reconquis ; pour prendre le déduit
De la chasse et des bois, de son camp se destourne
Et retiré l'hyver à Gémièges séjourne,
Là, où *la belle Agnès*, comme lors on disoit
Vint pour luy desconvrir l'emprise qu'on faisoit
Contre sa majesté ; la trahison fut telle
Et tels les conjurés, qu'encore on nous les cèle.
Tant y a que l'advis qu'adonc elle donna
Fit tant que leur dessein rompu s'abandonna.
Mais las ! elle ne pust rompre sa destinée,
Qui pour trancher ses jours l'avoit icy menée

AGNÈS SOREL.

Où la mort la surprit. Las! amant, ce n'estoit
Ce qu'après tes travaux ton cœur te promettoit!
Car tu pensois adonc récompenser au double
L'heur dont t'avoit privé de guerre le long trouble
Quand la mort t'en frustra. O mort, ceste beauté
Devoit de sa douceur fléchir ta cruauté :
Mais la lui ravissant en la fleur de son age
Si grand que tu cuidois n'a esté ton outrage :
Car si elle eust fourni l'entier nombre des jours
Que lui pouvoit donner de nature le cours,
Ses beaulx traits, son beau teint et sa belle charnure
De la tarde vieillesse alloient sentir l'injure,
Et le renom de Belle avecque sa beauté
Luy fust pour tout jamais par les hommes osté !
Mais jusques à la mort l'ayant vue tousiours telle
Ne luy purent oster le beau surnom de belle :
Agnès de *Belle Agnès* retiendra le surnom
Tant que de la beauté beauté sera le nom !

Conclusion.

CONCLUSION.

Louis XI. — René, duc d'Alençon. — Chinon sous les huguenots; sous la république. — François Rabelais. — Mathurin de Neuré.

—

Revenons maintenant à Charles VII.

Après quelques mois de séjour en Normandie, le roi, toujours poursuivi du souvenir de la belle Agnès, résolut de revoir les lieux témoins de ses serments et de son amour. Il reprit, en conséquence, le chemin de la Touraine, et passa quelques jours à Chinon.

Ce prince, père infortuné, craignant d'être empoisonné par son fils, refusa de prendre aucune nourriture, et privé de forces par le manque d'aliments, mourut en 1461.

Quant à l'époque de la mort d'Étienne Chevalier, nous n'avons rien pu découvrir de certain à ce sujet.

A son avènement au trône, Louis XI fixa sa résidence au château du Plessis-lès-Tours, qu'il avait fait construire sur l'emplacement des Montils; ce qui ne l'empêcha pas de venir de temps à autre à Chinon. Ce fut même dans cette ville qu'il reçut, vers l'an 1481, Marguerite d'Anjou, femme de Henri VI, roi d'Angleterre.

Il accueillit cette princesse infortunée avec les plus vifs témoignages d'intérêt et de sympathie ; il plaignit ses malheurs ; et une telle conduite, si peu en rapport avec le caractère de Louis XI, adoucit les derniers moments de Marguerite, qui vint mourir, l'année suivante, à Dampierre, près de Saumur.

Un des premiers actes du règne de Louis XI fut de rendre la liberté à Jean, duc d'Alençon, détenu prisonnier par Charles VII, en châtiment de ses trahisons. Ce seigneur, oublieux des bienfaits de son maître, devint plus tard un des chefs de la guerre dite *du bien public*, fut condamné à mort, puis gracié une seconde fois, et mourut peu après. Il avait épousé Marie d'Armagnac, dont il eut René d'Alençon. Ce jeune prince passait sa vie dans la débauche et les orgies. Rassemblant autour de lui ses domestiques, il parcourait avec eux la campagne, insultant toutes les femmes qu'il rencontrait. Ses gens avaient même, plusieurs fois, mais à son insu, pillé les chaumières des paysans.

Les ennemis de René ne manquèrent pas d'instruire le roi de la conduite dissolue que menait le duc d'Alençon; et ce texte, déjà si riche, ils trouvèrent moyen de le charger encore. En conséquence, les pensions de René furent supprimées, et ses biens confisqués.

Craignant qu'on n'en voulût aussi à sa vie, ce prince courut, en 1481, se réfugier auprès du duc de Bretagne; mais ayant été prévenu, il se vit arrêté près Laroche-Talbot, par Jean de Daillon, seigneur du Lude, qui le conduisit à Chinon.

Là, par ordre de Louis XI, on l'enferma dans une cage de fer, d'un pas et demi de long, et à travers les barreaux de laquelle on lui donnait à manger au bout d'une fourche.

Quelques historiens ont avancé que ce genre de cachot était dû au génie inventif du cardinal de la Balue; mais pour détruire cette assertion, il suffira de lire Suétone (livre IV). On verra que du temps de Caligula, ce tyran faisait enfermer des citoyens dans des cages si basses qu'ils étaient obligés de s'y tenir et d'y marcher comme des quadrupèdes. La Balue aurait donc été, tout au plus, le restaurateur de ce genre de torture, et non pas l'inventeur.

D'ailleurs, René d'Alençon ne restait pas toujours enfermé dans cette incommode prison; il passait alternativement vingt-quatre heures dedans et vingt-quatre heures dehors.

René gémit trois mois entiers à Chinon, d'où il fut retiré pour être amené et jugé à Vincennes. Charles VIII, ému de pitié pour ce prince, reconnaissant d'ailleurs son innocence sur plusieurs points, et l'exagération des rapports de ses ennemis, le rétablit dans tous ses droits, par lettres patentes, datées du mois de mai 1487. René mourut cinq ans après, en 1492.

De plus, Brantôme affirme que ce fut à Chinon que César Borgia vint trouver Louis XII, en 1499, pour lui remettre, de la part d'Alexandre VI, les lettres portant nullité de son mariage avec Jeanne de France, fille de Louis XI ; mais aucun écrivain n'ayant fait mention de ce fait, nous ne saurions prendre sur nous de le confirmer.

Le 23 novembre 1558, Claude Gouffier, duc de Rouannais, comte de Maulevrier et de Caravas, obtint du roi le gouvernement de Chinon, où Jacqueline de la Trémouille, sa femme, avait été transférée, en 1544, par ordre de François Ier, et où elle mourut.

Ayant résigné sa charge en 1567, trois ans avant sa mort, Arthus de Gouffier, son fils, le remplaça, et y épousa Catherine de Mart, veuve de François de Daillon.

Pendant ce temps, la reine Catherine de Médicis venait souvent à Chinon. Cette princesse désirait beaucoup posséder le château de Chenonceaux, qui appartenait à Diane de Poitiers. Elle fit faire en conséquence à celle-ci la proposition d'échanger Chenonceaux contre Chaumont-sur-Loire, qu'elle avait acheté, en 1550, de Charles de Larochefoucault et de sa femme Antoinette d'Amboise. Diane de Poitiers, exilée de la cour, n'osa résister à sa souveraine, et consentit, quoiqu'à regret, à l'échange proposé. La ratification de cet acte eut lieu à Chinon, le 18 mai 1560.

Lorsque la religion réformée s'introduisit en France, les huguenots tinrent des assemblées, où se rendirent les députés des villes de Tours, de Loudun, de Vendôme, de Saumur, de Craon, et de beaucoup d'autres cités de Touraine. Chinon seule n'y envoya pas de représentants ; ce qui donne lieu de penser que les habitants de cette ville conservèrent la foi de leurs ancêtres dans toute son intégrité. Ce qui vient encore donner plus de poids à cette opinion, est la prise du château de Chinon par les protestants, au sujet de laquelle Brantôme s'exprime ainsi :

« Les huguenots ayant pris par surprise le château de Chinon, dont Laroche-du-Maine était capitaine, comme ils firent d'autres de la France, qu'on ne se doutait pas, lui n'y étant pas, quand on lui en porta la nouvelle : « Ah ! tête-dieu pleine de reliques, dit-il, faut-il que Père éternel gagne *Pater noster*, je les en chasserai bien ! » Il y réussit en effet, et rentré victorieux dans la ville, il jura : « Que s'il eût failli et n'y fût rentré, il eût tenu Dieu pour hérétique, et ne l'eût jamais servi de bon cœur. »

Plus tard, le duc d'Anjou, qui devint Henri III, se fixa à Chinon, après le mariage de madame Marguerite de Valois avec le prince de Navarre.

Cependant la ligue redoublait des efforts qu'elle voyait couronnés de succès. Henri III demanda la paix au roi de Navarre, et sut se ménager avec ce prince une entrevue qui eut lieu au Plessis-lès-Tours. Après la conclusion de la trêve, le roi de Navarre passa quelques jours à Chinon, qu'il fut obligé de quitter précipitamment, pour aller secourir Henri III, attaqué par le duc de Mayenne, sous les murs de Tours.

En 1616, Louis XIII donna au prince de Condé la ville et châtellenie de Chinon, en garantie du traité de Loudun ; ce prince alla prendre possession de son nouveau domaine, mais il se vit arrêté au Louvre, peu de temps après son retour, et Rochefort, gouverneur de Chinon, apprenant cette nouvelle, réunit quatre cents piétons et deux cents cavaliers, résolu de défendre le château, à la tête de sa petite armée, tant qu'il lui resterait une goutte de sang. Cependant ayant reçu une lettre du prince de Condé, sur son injonction, il remit le château dans les mains du roi.

L'année suivante, la reine-mère se désista de son gouvernement de Normandie, et reçut en échange Angers et Chinon. Elle donna le gouvernement de cette dernière ville au seigneur de Chanteloup. En 1629, le duc de Bourbon vendit Chinon à madame la princesse de Conti, qui le revendit à son tour au cardinal de Richelieu, le 21 février 1631.

Ce ministre, ayant fait construire Richelieu, ne trouva rien de mieux, pour agrandir son domaine, que d'abattre une partie de Chinon. En conséquence, il donna l'ordre de raser la chambre où Charles VII avait, deux siècles auparavant, reçu Jeanne d'Arc.

Nous avons dit en commençant ce travail que Chinon avait, à toutes les époques, pris part aux événements de notre histoire. Nous voyons en effet, plus d'un siècle après, cette ville reparaître au milieu des sanglantes dissensions qui signalèrent, en France, le triomphe des idées révolutionnaires.

Lors des guerres de la Vendée, les républicains y établirent des magasins considérables de blé et de vivres de toute espèce; ils creusèrent de nouveau les fossés que le temps avait en partie comblés, et rassemblèrent dans l'intérieur des murs une provision de poudre, de balles et de munitions de guerre; précautions prudentes, mais qui n'opposèrent qu'une faible barrière aux succès de l'armée royale.

En effet, après la prise de Saumur, les Vendéens tinrent un conseil, où il fut résolu que l'on marcherait immédiatement sur Chinon; et conformément à cette décision, monsieur de Beauvolliers réunit autour de lui ses plus braves soldats, ceux sur la fidélité de qui il pouvait le plus compter, et s'avança à marches forcées vers la ville, qui se vit contrainte de céder après une vigoureuse résistance. Le premier soin de monsieur de Beauvolliers, en entrant à Chinon, fut de courir à la prison, où les républicains détenaient depuis longtemps sa femme prisonnière. Il eut la joie de la retrouver, et de mettre un terme aux souffrances atroces que les ennemis lui avaient fait endurer.

Monsieur de Beauvolliers fit tout d'abord main basse sur les différentes provisions que les républicains avaient amassées dans les greniers publics et dans les arsenaux, et les envoya en Vendée. Avant le siége qu'elle venait d'avoir à soutenir contre l'armée royale, Chinon s'était vue ensanglantée par le meurtre de trois cents hommes, que les républicains, sous prétexte qu'ils étaient favorables aux troupes du roi, avaient fait diriger vers Orléans. Après une nuit passée dans l'église de Saint-Mexme, ces infortunés furent égorgés au bas des Quinquenais.

Tels sont les seuls faits relatifs à la révolution de 1789, qui méritent d'être mentionnés ici.

Là pourtant ne se bornent pas les événements qui ont concouru dans l'histoire à rendre illustre la ville dont nous nous occupons. A quelques titres encore cette cité a droit à notre considération; et celui qui a entrepris d'écrire l'histoire de Chinon, n'a point rempli sa tâche. Il lui reste à parler des personnages illustres dont cette ville a été le berceau, et parmi lesquels viennent prendre place au premier rang François Rabelais et Mathurin de Neuré.

François Rabelais naquit à Chinon vers l'an 1483. Son père, qui exerçait la profession d'apothicaire à Sévillé, où il possédait même une petite métairie, connue sous le nom de la Devinière, ne négligea rien pour élever son fils au-dessus de son état. Il le plaça de bonne heure chez les moines du couvent de Sévillé. Mais voyant que l'enfant ne faisait aucun progrès, il l'envoya à l'abbaye de la Bâmette, près d'Angers, où il ne fit pas grand'chose non plus; de là, il passa à l'abbaye des Cordeliers de Fontenay-le-Comte, où il étudia les langues, et spécialement le grec, pour lequel il se sentait un penchant tout particulier.

Ayant pris l'habit dans cette maison, sa conduite peu régulière le fit condamner à l'*in pace*, d'où il ne sortit que grâce à la protection du savant Tiraqueau, qui avait été à même de causer avec lui, et d'apprécier son érudition. Rabelais obtint alors sa translation à l'abbaye de Maillezais. Il paraît néanmoins qu'après avoir essayé de toutes sortes d'abbayes et de couvents, avoir changé maintes fois de prison, il se détermina à prendre la fuite. Il se rendit à Montpellier, y étudia la médecine, et devint très-versé dans cette science. Bernier, médecin de Blois, a écrit un ouvrage sur lui, où il lui reconnaît de grands talents dans cette partie.

Rabelais rendit, du reste, d'éminents services à la faculté de Montpellier, car le chancelier Duprat, mécontent de ce corps, on ne sait pourquoi, l'ayant privé de ses priviléges, Rabelais obtint de lui qu'il les rétablirait. En reconnaissance de ce service, la faculté de Montpellier arrêta que désormais tout médecin qui recevrait le bonnet serait tenu de porter, durant toute la séance de réception, la robe de Rabelais : usage qui subsiste encore aujourd'hui.

Nous ne rapporterons pas ici une foule d'anecdotes qu'on raconte au sujet de Rabelais, et de mots obscènes attribués à cet écrivain : ils ne nous paraissent pas assez prouvés pour être admis sans examen, et en discuter l'authenticité s'éloignerait trop de notre sujet. Nous nous bornerons à rappeler qu'il fit un voyage à Rome, à la suite du cardinal du Bellay, envoyé par le roi de France comme ambassadeur vers Sa Sainteté. Le pontife lui ayant demandé quelle était sa patrie :

« Très Saint-Père, répondit-il, je suis Français, et d'une petite ville nommée Chinon, qu'on tient être fort sujette au fagot : on y a déjà brûlé quantité de gens de bien, et de mes parents. »

De retour en France, il obtint une prébende dans la collégiale de Saint-Maur-des-Fossés, et mourut à Paris, en 1553, âgé de soixante-dix ans.

Rabelais parle fréquemment de son pays dans ses écrits ; outre que Chinon est toujours la scène où se passe l'action qu'il raconte, il fait souvent mention de cette ville, et du souvenir qu'il en a gardé. Ainsi dans le chapitre xxxv de Pantagruel, il dit :

« Ainsi descendismes soubz terre par ung arceau incrusté de plastre, painct au dehors rudement d'une dance de femmes et satyres, accompagnans le vieil Silenus riant sus son asne. Là, ie disoys à Pantagruel : Ceste entrée me revoque en soubuenir la caue paincte de la première ville du monde : car là, sont painctures pareilles en pareille fraischeur comme icy. Où est, demanda Pantagruel ; qui est ceste première ville que dictes ? Chinon, dy ie ou Caynon en Touraine. Ie scay, respondit Pantagruel où est Chinon, et la caue paincte aussi ; i'y ay beu mainlt voyrres de vin frays, et ne fait doubte aulcun que Chinon ne soit ville antique ; son blason l'atteste, auquel est dict deux ou troys foys,

> Chynon,
> Petite ville, grand renom,
> Assise dessus pierre ancienne,
> Au hault le bois, au pied la Vienne.

mais comment seroyt-elle ville première du monde? où le trouuez vous par escript? quelle coniecture en auez? I'ay, dy ie, trouué par l'Escripture sacrée que Caïn fut le premier bastisseur de villes; vray donques semblable est que, la première, il de son nom nomma Caynon, comme depuys ont à son imitation tous aultres fondateurs et instaurateurs des villes imposé leurs noms à icelles. Athénée à Athènes; Alexandre à Alexandrie; Constantin à Constantinople; Pompée à Pompéiopolis, en Cilicie; Adrien à Adrianople; Cana aux Cananéens; Saba aux Sabéiens; Assur aux Assyriens; etc., etc. » Rabelais dit encore dans une autre partie de ses écrits, que lorsque voulant tenter le Fils de Dieu, Satan le transporta sur une montagne, il lui offrit tous les royaumes du monde. En cela, le récit de notre auteur est conforme à celui des Écritures, mais Rabelais ajoute que le tentateur se réserva Chatellerault, Chinon, Loudun et surtout Domfront.

Les opinions sur les écrits de Rabelais sont trèsdiverses; les personnes mêmes qui penchent en sa faveur, comme le remarque judicieusement Moréri, refusent à ses ouvrages la suite, l'ordre et le plan. Voltaire disait de lui :

« Dans son extravagant et inintelligible livre, il a répandu à la vérité une extrême gaîté, mais une plus grande impertinence. Il a prodigué l'érudition, les obscénités et l'ennui. Un bon conte de deux pages est acheté par deux volumes de sottises! »

On dit aussi que Rabelais avait beaucoup d'esprit, assez d'esprit pour faire mieux ; que s'il avait tourné son génie et l'originalité de ses saillies sur des objets plus convenables et de meilleur goût, ses ouvrages eussent été plus dignes d'admiration, d'admiration sans réserve. Mais ce raisonnement est à notre sens une grande erreur : nous pensons que tel est le genre, la tournure d'esprit et de caractère de Rabelais, que le lui ôter, serait lui enlever son mérite ; qu'il tire de ses saillies burlesques et triviales une grande partie de son prix ; qu'exiger de Rabelais de composer des œuvres sérieuses et empreintes de raison et de poésie serait tout aussi impossible et aussi injuste que de demander pourquoi van Oostade, le peintre des tavernes flamandes, n'a pas imité les compositions majestueusement sévères de Raphaël.

Vouloir qu'un auteur, un peintre, un homme, soit autre qu'il n'est, autre que la nature ne l'a fait, c'est le priver des qualités qu'il peut avoir sans lui donner celles qu'il ne peut acquérir.

Molière, le premier des comiques, eût probablement, malgré son génie, composé une plate tragédie; Swift, le Rabelais de l'Angleterre, et Rabelais lui-même, écrivains éminemment bouffons, eussent fait indubitablement de pauvres Labruyère.

Mais en voilà assez de dit sur ce sujet, notre intention n'étant pas, comme nous l'avons annoncé plus haut, de faire le panégyrique de Rabelais ni de prononcer entre ses admirateurs et ses détracteurs. Nous nous contenterons de terminer ici par le jugement que Labruyère a porté sur Rabelais.

« Où Rabelais est mauvais, dit-il, il passe bien au delà du pire; c'est le charme de la canaille; où il est bon, il va jusqu'à l'exquis et à l'excellent, il peut être le mets des plus délicats! »

Nous dirons ici quelques mots d'un autre homme,

illustre aussi dans un genre plus sérieux, Mathurin de Neuré.

Mathurin de Neuré naquit à Chinon et devint un des plus savants mathématiciens du dix-septième siècle. Placé par Gassendi, avec qui il était lié d'une étroite amitié, comme précepteur des enfants, chez monsieur de Champigny, intendant de justice à Aix, il ne tarda pas à s'ennuyer de cette profession et entra chez les Chartreux où il prit l'habit ; ne voulant pas néanmoins s'engager, quand vint le moment où il devait prononcer ses vœux, il s'enfuit. S'il faut en croire le témoignage de Huet, évêque d'Avranches, et d'Urbain Chevreau, ses contemporains, le vrai nom de Mathurin de Neuré était Laurent Mesme ; d'autres disent *Michel*. Voici comme le dernier s'exprime à son sujet dans les *Chevræana*, t. II, pag. 290, 291 et 292.

« Il était fils d'un gargotier d'un faubourg de la ville de Loudun [1]. Il se disait Normand ou Provençal ; et je ne l'aurais jamais déterré, si nous

---

[1] C'est une erreur, il était né à Chinon. Voir le Dictionnaire de France de d'Expilly.

n'avions point étudié sous un même maître, et si nous n'étions point d'une même ville. Comme il ne pouvait subsister à Poitiers, où il était allé pour étudier, il fit le voyage de Bordeaux le mieux qu'il put et s'y retira dans la Chartreuse, où il prit l'habit. Dans les trente ans qu'il y demeura, il apprit de lui-même les mathématiques, et s'étant lassé de l'austérité des religieux de cet ordre, il y jeta, comme on le dit ordinairement, le froc aux orties. Il alla sans balancer droit à Paris, et s'y fit connaître à Madame de Bourgneuf, gouvernante des enfants de Monsieur le duc de Longueville, qui, pour le retirer du mauvais pas où il était, fit si bien, qu'à sa recommandation, il fut précepteur de Monsieur de Longueville et de Monsieur le comte de Saint-Paul. »

Moréri remarque avec raison que si Mathurin de Neuré était entré chez les Chartreux, et y avait séjourné *trente* ans, s'il avait été précepteur de Monsieur de Champigny, il ne devait plus être en âge de veiller à l'éducation des enfants de Monsieur de Longueville ; au lieu de *trente* ans, il faudrait donc lire trois ans, ce qui s'accorderait avec la première version, qui dit qu'il sortit de chez les religieux avant d'avoir prononcé ses vœux.

Quoi qu'il en soit, la fortune de ses protecteurs s'étant trouvée considérablement diminuée, Madame de Longueville se vit, quoiqu'à regret, dans la nécessité de retrancher un peu de la pension du précepteur de ses enfants, ce qui irrita fort Mathurin de Neuré. Il alla même jusqu'à écrire contre sa bienfaitrice un libelle injurieux qui fut heureusement arrêté et ne parut pas ; mais l'imprimeur en ayant livré le manuscrit et l'ensemble des exemplaires, on en connut l'auteur.

Notre mathématicien resta lié toute sa vie avec Gassendi et prit souvent la plume pour défendre son ami, contre Jean-Baptiste Morin.

Mathurin de Neuré mourut en 1677. Nous avons de lui un écrit latin de 61 pages in-4°, intitulé : « *Quérela ad Gassendum de parum Christianis, Provincialium ritibus, minimumque sanis eorumdem moribus*, etc. »

De Haitze a publié une réfutation de cet écrit sous le titre de l'*Esprit du cérémonial d'Aix, en la célébration de la Fête-Dieu.*

Il paraît en outre que Mathurin de Neuré écrivit une vie de Monsieur de Longueville. Nous ne la connaissons pas.

Les autres personnages remarquables par leur science et leurs talents auxquels Chinon donna le jour, ne nous semblent pas mériter une mention speciale ; nous allons seulement les nommer :

Pierre de Courcelles, célèbre par une traduction en vers du Cantique des cantiques.

Claude Quillet, né à Chinon en 1602, connu par quelques traités en vers, dont l'un est intitulé : *De Pulchræ prolis habendæ ratione;* in-4°, Leyde, 1655.

Jean-Baptiste de la Barre, prédicateur célèbre.

Louis Oldespung de la Méchinière, etc., etc.

Et maintenant la tâche de l'historien est accomplie ; car, depuis ce jour, Chinon a perdu toute son importance, et de sa gloire passée le souvenir seul vit dans la pensée de ceux qu'elle a vu naître ; mais pour ceux-là, Chinon reste et restera toujours la terre des gloires éteintes. Le père racontera à son fils les exploits des guerriers d'un autre âge, l'amant redira à sa maîtresse les chants d'amour de Charles et d'Agnès, le vieillard rappellera à ses neveux la fin de toutes joies.

Tout parle dans ces murs noircis par le temps, tout y retrace à l'esprit de doux et mélancoliques souvenirs : l'enfant y chante sur un tombeau, en attendant que sa voix, elle aussi, vienne expirer et faire place à d'autres accents !

FIN.

TABLE.

PREMIÈRE PARTIE.

CHINON.

CHAPITRE PREMIER.

Origine de Chinon. — Description du château. — Jean-le-Reclus. — Maxime sauve Chinon, assiégé par Ægidius.   3

CHAPITRE II.

Clotaire et Ingonde. — Tremblement de terre à Chinon. — Mœurs de Lupus. — Inondation.   23

CHAPITRE III.

Le rendez-vous de chasse de Saint-Hubert, légende chinonaise. 37

CHAPITRE IV.

Monnaie frappée à Chinon. — Emme, duchesse d'Aquitaine. — Foulques-le-Rechin et Geoffroy. — Henri II et Thomas-à-Becket. — Mort de Henri-le-Jeune. 53

CHAPITRE V.

Mort de Henri II, roi d'Angleterre.—Portrait de ce prince. — Mort de Richard-Cœur-de-Lion. — Procès de Jean-sans-Terre. — Louis IX convoque les grands vassaux à Chinon. — Procès des Templiers. 77

DEUXIÈME PARTIE.

AGNÈS SOREL.

CHAPITRE PREMIER.

Charles VII. — Arthus, comte de Richemont, reçoit l'épée de connétable à Chinon. 105

CHAPITRE II.

La Trémouille. — Assemblée des États-Généraux à Chinon. — Siége de la ville et trahison du gouverneur. — Charles VII tient conseil pour savoir s'il recevra Jeanne d'Arc. 119

CHAPITRE III.

Arrivée de Jeanne-d'Arc à Chinon ; elle y est examinée. — Son départ. — Elle revient à Chinon. — Sa mort. — La Trémouille est fait prisonnier. — Isabeau de Lorraine. — Agnès Sorel ; son enfance.   133

CHAPITRE IV.

Agnès Sorel tombe malade. — Départ d'Isabeau de Lorraine. — Le dauphin. — Motif de sa haine pour Agnès Sorel. — L'astrologue. — Étienne Chevalier chargé par le roi de veiller sur Agnès Sorel.   159

CHAPITRE V.

Etienne Chevalier se rend au château de Maignelais. — Sa lettre à Agnès Sorel. — Antoinette de Maignelais. — Elle arrive à Chinon. — Son départ. — Mort d'Isabeau de Bavière.   181

CHAPITRE VI.

Agnès Sorel accouche d'une fille. — Le château de Bois-Trousseau. — Le fanal. — Mort de Marguerite d'Écosse. — François, duc de Bretagne, rend hommage au roi de son duché à Chinon. — Tournoi près de Bazilly. — René d'Anjou. — Agnès Sorel accompagne le roi à Paris. — Le comte de Dammartin et le dauphin. — Louis insulte Agnès, qui abandonne la cour.   211

CHAPITRE VII.

Charles VII en Normandie. — Agnès Sorel se rend au château de Mesnil-la-Belle, près de Jumièges. — Sa mort. — Son épitaphe, son tombeau. — Vers faits en son honneur. — Douleur d'Étienne Chevalier. — Poésie de Baïf.   243

CONCLUSION.

Louis XI. — René, duc d'Alençon. — Chinon sous les huguenots; sous la République. — François Rabelais. — Mathurin de Neuré. 267

IMP. DE E.-J. BAILLY, PLACE SORBONNE, 2.

www.ingramcontent.com/pod-product-compliance
Lightning Source LLC
Chambersburg PA
CBHW071416150426
43191CB00008B/935